HUGO WIENER

Der Blöde und der Gscheite

Hugo Wiener

Der Blöde und der Gscheite

Die besten Doppelconferencen

Sketches,
geschrieben für Karl Farkas, Maxi Böhm,
Heinz Conrads, Fritz Muliar und
Ernst Waldbrunn

Zeichnungen von Rudolf Angerer

AMALTHEA

Die CD »Farkas/Waldbrunn, Doppelconferencen« ist
bei Preiser Records erschienen (PR90041)

Besuchen Sie uns im Internet unter
http://www.amalthea.at

10. Auflage 2012

Umschlaggestaltung: Kurt Hamtil, verlagsbüro wien
Umschlagillustration: Foto Fayer
Gesetzt aus der 10,5/14,5 pt Fairfield Light
Printed in der EU
ISBN 978-3-85002-784-7

Inhalt

Dieses Buch stellt keinen Beitrag zur Kulturgeschichte des Wiener Kabaretts dar, es soll nur allen jenen eine Erinnerung sein, die die »SIMPL-DOPPELCONFÉRENCE«, wie sie KARL FARKAS und ERNST WALDBRUNN praktizierten, schätzten und liebten. Die Dialoge wurden absichtlich nicht aktualisiert, es wurde nichts weggestrichen und nichts dazugeschrieben, sondern alles so belassen, wie es in den Jahren zwischen 1950 und 1965 von KARL FARKAS mit ERNST WALDBRUNN, MAXI BÖHM, HEINZ CONRADS und FRITZ MULIAR auf der Bühne des Wiener Kabaretts »SIMPL« gesprochen wurde.

HUGO WIENER

Was ist eine Doppelconférence

Danach gefragt, was eine »Doppelconférence« eigentlich sei, antworte ich: »›Eine Doppelconférence‹ ist ein Dialog zwischen einem G'scheiten und einem Blöden, worin der G'scheite dem Blöden etwas Gescheites möglichst gescheit zu erklären versucht, damit der Blöde möglichst blöde Antworten darauf zu geben imstande ist – mit dem Resultat, daß zum Schluß der Blöde zwar nicht gescheiter, aber dem Gescheiten die Sache zu blöd wird. Beide haben daher am Ende nichts zu lachen. Dafür desto mehr das Publikum ...«

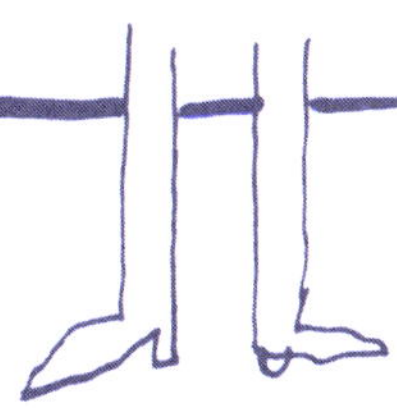

Typisch Doppelconférence

Farkas (*kommt vor den Vorhang*): In unserem nächsten Bild führen wir Sie in einen Schönheitssalon – und zwar in einen Herrenschönheitssalon – zu einem Vorstadtfriseur. Eigentlich wären wir ja jetzt an der Stelle im Programm angelangt, an der eine sogenannte »Doppelconférence« folgen müßte. Wer unsere beiden letzten Revuen gesehen hat, wird sich erinnern, daß wir immer erklären: »Es gibt keine Doppelconférence mehr!«, »Doppelconférencen sind nicht mehr modern!« usw. – und daß sich dann gerade aus diesem »Es gibt keine Doppelconférence mehr!« eine neue Doppelconférence entwickelt. Wir machen das so wie die Politiker, die auch immer behaupten: »Es gibt keinen Krieg mehr!«, »Kriege sind unmodern!« – die sich zusammensetzen, um den Frieden zu besprechen – bei diesem Zusammensetzen kommt es zu Auseinandersetzungen – und aus diesen Auseinandersetzungen geht der nächste Krieg hervor.
Gewiegte Kabarettbesucher erkennen ja die Doppelconférence auf den ersten Blick. Sie wissen, wenn zwei auf die Bühne kommen: »Aha! Jetzt ist der eine der Gescheite, der andere der Blöde – der Blöde versteht nicht, was der Gescheite spricht – dabei ist der Gescheite meistens auch blöd!« usw. usw. – Es wird

aber auch andere im Publikum geben, die nicht so oft ins Kabrett gehen – die, wenn zwei Herren auf die Bühne kommen, naiv und unschuldig unten sitzen und gar nicht ahnen, was für ein entsetzlicher Blödsinn auf sie zuzukommen droht – und diesen Herrschaften möchte ich jetzt das Rezept zu einer Doppelconférence geben. Sie sollen auch wissen, was sich da vorbereitet, wenn plötzlich zwei Künstler vor den Vorhang treten. Ich sage zwei Künstler – in unserm Fall ist es ja nur ein Künstler und der Waldbrunn.
Hören Sie also das Rezept: Man nehme einen äußerst intelligenten, gutaussehenden Mann – das bin ich – und lasse ihn ein paar einführende Worte über das nächste Bild sprechen. Zum Beispiel: »Ich führe Sie jetzt in einen Schönheitssalon – und zwar in einen Herrenschönheitssalon – zu einem Vorstadtfriseur!« Jetzt ist es soweit, jetzt kommt der zweite – also der »Blöde« – dazu. Und zwar mit dem dümmsten und unpassendsten Satz, der einem Autor einfallen kann. Zum Beispiel:

WALDBRUNN *(tritt auf)*: Karl! Bei dir zu Haus' brennt's!

FARKAS *(zum Publikum)*: Das ist doch wirklich ein blöder Satz! Ich gehe natürlich darauf ein und frage ihn: Hast du die Feuerwehr verständigt? Drauf sagt er:

WALDBRUNN: Nein. Ich wollte dich erst fragen, ob du versichert bist.

FARKAS *(zum Publikum)*: Doppelconférence! Aber gehen wir weiter! *(Zu Waldbrunn)* Bist du versichert?

WALDBRUNN: Nein. Mein Vater war versichert – jetzt ist er gestorben, und man will mir die Prämie nicht bezahlen.

FARKAS: War er auf Ableben versichert?

WALDBRUNN: Nein. Gegen Feuer.

FARKAS: Warum soll man dir dann die Prämie bezahlen?

WALDBRUNN: Er hat sich verbrennen lassen.

FARKAS (*zum Publikum*): Doppelconférence! – Gehen wir weiter!

WALDBRUNN: Ich brauche, Gott sei Dank, die Versicherungssumme nicht, weil ich sowieso auswandere.

FARKAS: Du wanderst aus? Wo wanderst du hin?

WALDBRUNN: Nach Italien.

FARKAS: Nach Italien? Du beherrschst doch nicht einmal die Landessprache.

WALDBRUNN: Was für eine Landessprache?

FARKAS (*gereizt wiederholend*): Was für eine Landessprache! Jedes Land hat doch seine Sprache, ohne die man nicht weiterkommt. Außer man beherrscht eine andere wichtige Sprache.

WALDBRUNN: Welche?

FARKAS: Das kommt darauf an. Was ist bei uns in Österreich die wichtigste Sprache?

WALDBRUNN: Die Fürsprache.

FARKAS: Aber nein!

WALDBRUNN: Aber ja!

FARKAS: Reden wir von Italien. Da wirst du doch sicher auch nach Neapel kommen, wo Caruso geboren wurde. Von Caruso wirst du zwar wahrscheinlich niemals gehört haben ...

WALDBRUNN: Doch. Als ich noch ein Bub war, habe ich sogar das Buch gelesen, das alle Buben einmal lesen ...

FARKAS: Was für ein Buch hast du gelesen?

WALDBRUNN: Robinson Caruso.

FARKAS *(wütend)*: Der heißt doch Robinson Crusoe! Caruso war ein Sänger, und Crusoe war ein Abenteurer! Reden wir von Italien weiter!

WALDBRUNN: Warst du schon einmal in Italien?

FARKAS: Natürlich! Ich habe dort sogar einer Schiffstaufe beigewohnt.

WALDBRUNN: Das ist doch nichts Besonderes. Ich habe in *Wien* einer Schiffstaufe beigewohnt.

FARKAS: In Wien? Wie kannst du in Wien einer Schiffstaufe beigewohnt haben?

WALDBRUNN: Einer meiner Freunde, der Mundi Schiff, hat sich taufen lassen.

FARKAS: Ich habe doch einer wirklichen Schiffstaufe beigewohnt!

WALDBRUNN: Ein Schiff läßt sich *auch* taufen?

FARKAS: Es *läßt* sich nicht taufen – es *wird* getauft!

WALDBRUNN: Liegend?

FARKAS: Stehend!

WALDBRUNN: Der Mundi hat sich auch stehend taufen lassen. Du hast geglaubt liegend?

FARKAS: Ich habe gar nichts geglaubt. Das Schiff steht also dort – der Bürgermeister hält eine Rede – die Taufpatin kommt und zerschlägt eine Champagnerflasche an seinem Bauch – –

WALDBRUNN: Und das läßt er sich gefallen?

FARKAS: Wer?

WALDBRUNN: Der Bürgermeister.

FARKAS: Was?

WALDBRUNN: Daß man an seinem Bauch eine Champagnerflasche zerschlägt.

FARKAS: Nicht an *seinem* Bauch! Am Bauch von dem Schiff!

WALDBRUNN: Von dem Mundi?

FARKAS: Nein! Von dem wirklichen Schiff! Und so etwas fährt nach Italien und überschreitet den Rubikon!

WALDBRUNN: Wen?

FARKAS: Den Rubikon!

WALDBRUNN: Den kenne ich nicht. Ich kenne nur den Bubi Kohn – und dann kenne ich einen Kohn, der Schneider sein dürfte, weil er jeden Tag woanders flickt.

FARKAS: Was heißt das wieder?

WALDBRUNN: Liest du keine Zeitungen? Da steht doch immer »Kohn flickt in China«, »Kohn flickt in Amerika«, »Kohn flickt in der UNO« …

FARKAS: Das heißt doch Konflikt – du, durch Gottes Unvorsichtigkeit zum Mensch gewordenes Roß! Konflikt ist ein Zusammenstoß!

WALDBRUNN: Ich weiß! Ich habe ihn gestern gesehen.

FARKAS: Wen hast du gesehen?

WALDBRUNN: Den Konflikt. Auf der Mariahilfer Straße hat ein Auto mit der Straßenbahn konfliktiert.

FARKAS: Du blöder Kerl! Da kannst du doch nicht konfliktiert sagen! Konflikt ist ein Zusammenstoß … sagen wir … in der Politik. Auf den Konflikt folgt dann meist die Konflagration.

WALDBRUNN: Mit den Fremdwörtern hör mir auf. Die kann ich nicht leiden.

FARKAS: Warum nicht?

WALDBRUNN: Weil sie keiner versteht und jeder anders ausspricht. Mein Bruder zum Beispiel sagt »Pathologie«, meine Schwester sagt »Philologie« und mein Schwager »Phrenologie«!

FARKAS: Ernst! Zwischen diesen Dingen besteht doch gar keine Analogie!

WALDBRUNN: Siehst du? *Du* sagst wieder Analogie!

FARKAS: Jedes dieser drei Worte hat doch eine andere Bedeutung! Pathologie ist die Lehre von den Krankheiten, Philologie ist die Sprachwissenschaft und Phrenologie ist die Schädellehre!

WALDBRUNN: Wenn einer einen leeren Schädel hat?

FARKAS: Ich rede nicht von dir. Phrenologie ist die Wissenschaft, die sich mit der *Form* des Schädels befaßt! Wenn einer zum Beispiel eine gewölbte Stirn hat, ist er sinnlich. Hat er einen länglichen Schädel, ist er ein Trottel.

WALDBRUNN: Laß dich einmal anschauen! (*Betrachtet ihn aufmerksam*) Du bist ein sinnlicher Trottel!

FARKAS: Ich gebe es zu. Wenn man *dich* kennt, wird einem der Pessimismus Schopenhauers verständlich.

FARKAS: Wer?

WALDBRUNN: Schopenhauer.

FARKAS: Ein Philosoph! Wie der Kant, der Hegel, der Spencer …

WALDBRUNN: Tracy.

FARKAS: Was ist Tracy?

WALDBRUNN: So heißt er.

FARKAS: Wer?

WALDBRUNN: Der Spencer.

FARKAS: Das ist doch ein Filmstar! Ich spreche doch von Philosophen! Von Nietzsche zum Beispiel, der gesagt hat: »Wenn du zum Weibe gehst, dann vergiß die Peitsche nicht!«

WALDBRUNN: Das hat er gesagt? Das hätte ich ihm nicht angesehen.

FARKAS: Wem hättest du es nicht angesehen?

WALDBRUNN: Dem Nietzsche. Ich habe mir doch einen Anzug bei ihm machen lassen. Wenn ich gewußt hätte, daß er so ein Sadist ist, hätte ich mir einen anderen Schneider gesucht.

FARKAS: Der Nietzsche ist doch kein Schneider! Der Nietzsche ist ein Philosoph!

WALDBRUNN: Wieso hat er mir dann einen Anzug gemacht?

FARKAS: Er *hat* dir doch keinen Anzug gemacht!

WALDBRUNN: Doch! Ich bin ihn doch heute noch schuldig!

FARKAS: Das ist nicht Nietzsche! Der ist doch schon tot!

WALDBRUNN: Schrecklich! Vorige Woche hat er mir noch Maß genommen! *(Weinend)* Was ist der Mensch?!

FARKAS: Weine nicht – weinen soll *er,* weil du ihm den Anzug schuldig bist! Der, den *du* meinst, ist nicht der Nietzsche, sondern der Knižе!

WALDBRUNN: Nein: Knižе ist der, der den Leuten sagt, wie sie sich benehmen sollen.

FARKAS: Das ist der Knigge! Ich habe genug von dir! Du merkst dir ja doch nichts!

WALDBRUNN: Ich merke mir nichts? Ich habe mir gemerkt, daß ich nach Italien fahre, weil der Robinson den Mundi Schiff mit einer Champagnerflasche taufen will, daß der Caruso durch die Philologie erkannt hat, daß der Bubi Kohn ein Trottel ist und daß der Knižе seine Frau schlägt!

FARKAS: Sehen Sie, meine Herrschaften – das war eine typische Doppelconférence – ein Dialog, der mit dem Satz »Karl, bei dir zu Hause brennt's!« begonnen – und über Italien, Caruso, Robinson, Analogie, Konflikt und Spencer bis Knigge geführt hat. – Wir gehen nun weiter. Im nächsten Bild führe ich Sie …

WALDBRUNN (*unterbricht zaghaft*): Karl …

FARKAS: Was ist? Was willst du noch?

WALDBRUNN: Das war gar keine Doppelconférence …

FARKAS: Was denn?

WALDBRUNN *Bei dir zu Haus' brennt's wirklich!*

Nichts für Inder!

FARKAS (*kommt vor den Vorhang*): Österreich wäre nichts für Inder – eine Simpl-Revue ohne Doppelconférence nichts für unser Publikum. Dazu brauchen wir natürlich ERNST WALDBRUNN. Er wird sofort durch die Tür unten auftreten –

WALDBRUNN (*kommt a tempo durch den Vorhang*): Karl …

FARKAS: Ja?

WALDBRUNN: Eine Frage …

FARKAS: Was willst du?

WALDBRUNN: Könnte ich heute nicht einmal ausnahmsweise von da oben kommen?

FARKAS: Warum?

WALDBRUNN: Ich hab's mir überlegt. Du kennst die Leute. Sie werden sagen: »Immer dasselbe! Immer kommt der Waldbrunn bei der Doppelconférence durch die Tür!« – Laß mich heute einmal durch den Vorhang kommen.

FARKAS: Gut.

WALDBRUNN (*glücklich*): Wirklich?

FARKAS: Ja.

WALDBRUNN: Ich darf?

FARKAS: Ja.

WALDBRUNN: Du bringst mir noch einmal das Stichwort?

FARKAS: Ja.

WALDBRUNN: Danke! *(Ab).*

FARKAS: Bitte. *(Zum Publikum)* Sie haben es gehört – Waldbrunn will heute einmal ausnahmsweise durch den Vorhang kommen. Ich weiß nicht weshalb, aber Sie werden ja nichts dagegen haben. Ich bringe ihm also noch einmal das Stichwort. *(Beginnt):* Eine Simpl-Revue ohne Doppelconférence wäre nichts für unser Publikum. Dazu brauchen wir natürlich ERNST WALDBRUNN. Er wird sofort durch den Vorhang auftreten – –

WALDBRUNN *(kommt durch die Tür):* Ich kommme *doch* durch die Tür.

FARKAS: Warum?

WALDBRUNN: Ich hab's mir überlegt. Du kennst doch die Leute. Sie werden sagen: »Glaubt der Trottel, daß er uns etwas Neues bringt, nur weil er durch den Vorhang auftritt?« Ich komme durch die Tür!

FARKAS *(wütend):* Komm durch die Tür!

WALDBRUNN: Siehst du! Du sagst es auch! Und du hast ein feines Gefühl für so etwas.

FARKAS: Geh schon!

WALDBRUNN: Bringst du mir noch einmal das Stichwort?

FARKAS: Ja!!

WALDBRUNN: Danke. *(Ab).*

FARKAS: Bitte. *(Zum Publikum)* Ich weiß nicht, was heute mit ihm los ist – Sie verzeihen die Unterbrechung. *(Beginnt nochmals):* Eine Simpl-Revue ohne Doppelconférence wäre nichts für unser Publikum.

Dazu brauchen wir natürlich ERNST WALDBRUNN. Er wird sofort durch die Tür unten auftreten – –

WALDBRUNN *(kommt durch den Vorhang)*: Ich komm doch durch den Vorhang.

FARKAS *(wütend)*: Warum?

WALDBRUNN: Man soll den Leuten nicht nachgeben. Bringst du mir noch einmal das Stichwort?

FARKAS: Nein! Du bleibst da! *(Zum Publikum)*: Es folgt jetzt endlich die Doppelconférence. Dazu brauchen wir ERNST WALDBRUNN – und er ist auch schon da. Sie kennen das Schema: Zwei Komiker – der eine ist der Gescheite – der bin *ich* – der andere ist der Blöde – –

WALDBRUNN: Der bin *ich!* Das heißt … *(zögert)* … Karl …

FARKAS: Ja?

WALDBRUNN: Ich hätte ein Anliegen …

FARKAS: Ja?

WALDBRUNN: Wir haben doch schon viele Doppelconférencen miteinander gemacht …

FARKAS: Ja.

WALDBRUNN: Voriges Jahr …

FARKAS: Ja.

WALDBRUNN: Vor zwei Jahren …

FARKAS: Ja.

WALDBRUNN: Vor drei Jahren …

FARKAS *(gereizt)*: Ja!!!

WALDBRUNN: Immer hast du den Gescheiten gespielt und ich den Blöden …

FARKAS: Ja!!!

WALDBRUNN: Vor vier Jahren …

FARKAS (*wütend*): Hör schon mit den Jahren auf und sag, was du willst!
WALDBRUNN: Du wirst dich aufregen …
FARKAS (*zitternd vor Aufregung*): Nein!!
WALDBRUNN: Darf ich frisch reden?
FARKAS: Ja!!!
WALDBRUNN: Vom Leberfleck?
FARKAS: Ja!!!
WALDBRUNN: Laß einmal *mich* den Gescheiten spielen und spiel *du* den Blöden!
FARKAS: Das ist unmöglich.
WALDBRUNN: Warum, o Karl?
FARKAS: Weil uns das kein Mensch glauben würde. Ich – der Blöde! Jeder weiß, was ich geschrieben habe!
WALDBRUNN: Eben deshalb. (*Bittend*): Karl …
FARKAS: Was?
WALDBRUNN: Sag ja …
FARKAS: Nein!
WALDBRUNN: Karl …
FARKAS: Nein!!
WALDBRUNN: Eine kleine Bitte an eine große Liebe …
FARKAS: Also gut! Spiel du den Gescheiten – ich spiele den Blöden.
WALDBRUNN (*glücklich*): Wirklich?
FARKAS: Ja.
WALDBRUNN: Du machst es?
FARKAS: Ja!!
WALDBRUNN: Ich darf als erster herauskommen … So, wie du immer kommst!
FARKAS: Ja!!
WALDBRUNN (*strahlend*): Und du gehst jetzt?

FARKAS: Ich gehe.

WALDBRUNN: Danke!

FARKAS: Bitte. *(Schüttelt den Kopf und geht ab).*

WALDBRUNN *(allein):* Das ist gleich ein ganz anderes Gefühl. Immer den Blöden spielen zu müssen – wo man es gar nicht ist! – Ich beginne also: Eine Simpl-Revue ohne Doppelconférence wäre nichts für unser Publikum. Dazu brauchen wir natürlich KARL FARKAS. Er wird sofort durch die Tür unten auftreten –

FARKAS *(kommt durch die Tür):* Servus, Ernst!

WALDBRUNN *(triumphierend):* Ist schon da! Servus, Karl!

FARKAS: Red was!

WALDBRUNN: Was soll ich reden?

FARKAS: Etwas Gescheites!

WALDBRUNN *(denkt kurz nach, dann):* Ich hab dich lange nicht gesehen.

FARKAS: Das ist sehr gescheit! Was soll ich darauf sagen?

WALDBRUNN: Etwas Blödes!

FARKAS: Gut! – Es darf dich nicht wundern, daß du mich lange nicht gesehen hast – ich bin heute früh mit dem schnellsten Schiff der Welt, mit der »United States«, über den Ozean nach New York gefahren.

WALDBRUNN: Wie war's?

FARKAS *(wütend):* Was heißt »Wie war's?« Du bist doch der Gescheite, du Trottel! Wenn ich heute früh mit dem Schiff über den Ozean gefahren bin, kann ich doch jetzt nicht zurück sein!

WALDBRUNN: Du hast doch gesagt, es ist das schnellste Schiff?

FARKAS: So ein schnelles Schiff gibt es nicht, du Ochs!

Fangen wir noch einmal an! So eine Blamage! – Servus, Ernst!

WALDBRUNN: Servus, Karl!

FARKAS *(wütend, mit unterdrückter Stimme)*: Sag etwas!

WALDBRUNN: Was?

FARKAS: Etwas Gescheites, du Schaf!

WALDBRUNN: Ich hab dich lange nicht gesehen.

FARKAS: Sonst fällt dir gar nichts ein?

WALDBRUNN: Momentan nicht …

FARKAS: Gut! – Es darf dich nicht wundern, daß du mich lange nicht gesehen hast – ich bin vor 14 Tagen auf den Semmering gefahren.

WALDBRUNN: Ein zweites Mal falle ich dir nicht herein!

FARKAS: Was heißt, du fällst mir nicht herein?

WALDBRUNN: Wenn du vor 14 Tagen auf den Semmering gefahren bist, kannst du doch jetzt nicht zurück sein.

FARKAS *(wütend)*: Warum nicht, du Esel?

WALDBRUNN: Du hast es selbst gesagt.

FARKAS: Nichts habe ich gesagt! Ich habe gesagt, wenn ich heute früh mit dem Schiff über den Ozean nach New York fahre, kann ich nicht zurück sein! Wenn ich vor 14 Tagen auf den Semmering gefahren bin, *kann* ich zurück sein! Der Semmering ist ja nicht so weit von Wien entfernt wie New York!

WALDBRUNN: Das ist wahr. Du darfst mir nicht böse sein – ich bin heute etwas zerfahren.

FARKAS: Du bist zerfahren … Was soll ich sagen? Ich nehme heute die Zeitung zur Hand und erfahre, daß auf meinen Schwager, den Rechtsanwalt Dr. Strobl, ein Attentat verübt worden ist.

NUR ZU
TREFFEN
VON 11h BIS 12h

WALDBRUNN: Was du nicht sagst! Wer hat ihn attentiert?

FARKAS: Seine Freundin.

WALDBRUNN: Wann?

FARKAS: Gestern nachmittag. Drei Schüsse hat sie auf ihn abgegeben – zum Glück hat sie ihn nicht getroffen.

WALDBRUNN: Das hätte ich ihr gleich sagen können, daß sie ihn nicht treffen wird.

FARKAS: Wieso?

WALDBRUNN: Weil auf seiner Türtafel steht: »Rechtsanwalt Dr. Fritz Strobl. Nur zu treffen von 11 bis 12 Uhr vormittags.«

FARKAS: So etwas Blödes! Das bezieht sich doch auf seine Sprechstunden!

WALDBRUNN: Das ist wahr. Ich bin heute etwas zerfahren. Auf mich würde heute passen, was Richard III. sagt: »Mir ist von alledem so dumm – als ging mir ein Mühlrad im Kopfe herum!«

FARKAS: Das sagt doch nicht Richard III.! Das sagt Faust! Richard III. sagt: »Ein Pferd! Ein Pferd!«

WALDBRUNN (*überlegt*): Ist auch ganz schön!

FARKAS: *Du* hast eine Ahnung von Kunst!

WALDBRUNN: Hab ich auch! Ich habe sogar ein Abonnement in der Staatsoper! Loge 12! Seit Jahrzehnten! Ich schau schon gar nicht mehr auf die Bühne.

FARKAS: Ich weiß! Ich hatte einmal das Vergnügen, von dir eingeladen zu werden.

WALDBRUNN: Loge 12.

FARKAS: Ja.

WALDBRUNN: Zum »Fliegenden Holländer«.

FARKAS: Zu »Don Juan«.

WALDBRUNN: Das war »Don Juan«? Deshalb hat mir das Schiff gefehlt.

FARKAS: Von Anfang an Ouvertüre bis zum letzten Fallen des Vorhangs hast du nur gesprochen und gesprochen.

WALDBRUNN: Ich?

FARKAS: Ja. Dann hast du mich noch einmal eingeladen.

WALDBRUNN: Loge 12.

FARKAS: Ja.

WALDBRUNN: Zu »Lohengrin«.

FARKAS: Zu »Carmen«.

WALDBRUNN: Das war »Carmen«? Deshalb ist kein Schwan vorgekommen!

FARKAS: Und du hast wieder gesprochen und gesprochen.

WALDBRUNN: Es tut mir leid! Willst du am Mittwoch mit mir zu »Rigoletto« gehen?

FARKAS: Gern. In »Rigoletto« habe ich dich noch nicht gehört.

WALDBRUNN: Außerdem – weil du sagst Kunst – interessiere ich mich auch für die Malerei. Ich habe mir erst gestern ein neues Bild gekauft.

FARKAS: Von wem?

WALDBRUNN: Vom Koritschoner.

FARKAS: Ich meine, von wem ist es! Wer es gemalt hat!

WALDBRUNN: Das hab ich vergessen. Er ist ein Spanier und heißt nach einer Spielkarte … Herzasso … Treffasso …

FARKAS (*entsetzt*): Picasso!

WALDBRUNN: Picasso! Stimmt!

FARKAS: Ich möchte nur eines wissen … Auf welcher höheren Lehranstalt du dir diesen gründlichen und außergewöhnlich umfassenden Mangel an Kenntnissen erworben hast.

WALDBRUNN: Ich habe mir mein Wissen selbst gebaut.

FARKAS: Da muß die Baupolizei auf Urlaub gewesen sein! Liest du keine Bücher? Hast du keinen Shakespeare zu Hause? Keinen Lessing?

WALDBRUNN: Nein, nur Goethe und Schiller.

FARKAS: Die habe ich auch. In Schweinsleder.

WALDBRUNN: Ich in Gips.

FARKAS: Das ist doch nicht das richtige!

WALDBRUNN: Ich weiß, Bronze ist besser, aber es war ein Geschenk. Von den Leuten, bei denen ich vor zwei Jahren meinen Urlaub verbracht habe. Wo warst du heuer auf Urlaub, Karl?

FARKAS: In Edlach. Und du?

WALDBRUNN: In Velden. Hast du viel gebummelt?

FARKAS: In Edlach? Was kann man in Edlach bummeln? Ich bin jeden Abend mit den Hühnern schlafen gegangen. Du nicht?

WALDBRUNN: Leider ¡... Wir haben keine Hühner gehabt.

FARKAS: Wir haben auch keine gehabt!

WALDBRUNN: Warum sagst du dann, daß du mit ihnen schlafen gegangen bist?

FARKAS: Das ist doch eine Redensart! Bitte, laß *mich* wieder den Gescheiten spielen!

WALDBRUNN: Warum? Weil ich nicht gleich alles aufgreife? Ich bin heute etwas zerfahren.

FARKAS: Aus welchem Grund?

WALDBRUNN: Weil ich »SIE« wiedergesehen habe ...

FARKAS: Wer ist »SIE«?

AUTOMAT
EINWURF
ENTNAHME

WALDBRUNN: Mein Sommerflirt.
FARKAS: Du hast einen Sommerflirt gehabt?
WALDBRUNN: In Velden. Ich war so allein, daß ich ein Inserat in die Zeitung gegeben habe: »Junger Mann, der sich einsam fühlt, sucht Wesen, das Licht und Wärme in sein Leben bringt.«
FARKAS: Und was war?
WALDBRUNN: Die Gaswerke haben mir einen Vertreter geschickt. Und dann habe ich »SIE« kennengelernt!
FARKAS: Den Sommerflirt.
WALDBRUNN: Ja. Als ich zum erstenmal mit ihr tanzte, fragte sie mich, ob ich aus dem hohen Norden komme.
FARKAS: Warum?
WALDBRUNN: Sie hat gesagt, daß ich tanze, als ob ich Schneeschuhe anhätte. Dann habe ich mit ihr eine Mondscheinpartie auf dem Wörther See gemacht … Eine Stunde habe ich gerudert …
FARKAS: Da müßt ihr ja schon ziemlich weit gewesen sein?
WALDBRUNN: Überhaupt nicht. Ich habe vergessen, das Boot loszubinden! Und am nächsten Tag bin ich fort.
FARKAS: Warum bist du gerade nach Velden gefahren?
WALDBRUNN: Der Arzt hat mich hingeschickt. Ich war doch den ganzen Winter über bei einem Psychiater in Behandlung …
FARKAS: Warum?
WALDBRUNN: Ich habe mir eingebildet, ein Hund zu sein.
FARKAS: Und in Velden?
WALDBRUNN: Ist alles gut geworden.

FARKAS: Du glaubst nicht mehr, daß du ein Hund bist?

WALDBRUNN: Nein.

FARKAS: Du bist gesund?

WALDBRUNN: Vollkommen. Greif, was ich für eine kalte Schnauze habe!

FARKAS: Ich glaube, du hättest noch in Velden bleiben sollen!

WALDBRUNN: Ich habe kein Geld mehr gehabt.

FARKAS: Es ist immer dasselbe. Immer das Geld! Ich habe heute von einer Insel gelesen, auf der es überhaupt kein Geld gibt. Die Leute leben vom Fischfang und benützen die Fische als Zahlungsmittel. Natürlich hat jeder Fisch seinen Wert. Ein Hecht zum Beispiel bedeutet hundert Schilling, ein Kabeljau fünfzig, eine Sardine zehn Schilling, eine Sardelle einen Schilling …

WALDBRUNN: Das muß ein herrliches Leben sein! Wenn man dort ein reicher Mann ist – mit ein paar Millionen Sardellen … was wird man dort schon Steuer zahlen … sag gar, hundert Sardinen im Monat … man kann sich eine Freundin halten … was liegt daran … man gibt ihr ein paar Hechte … am nächsten Tag fängt man sie wieder … Nur eines ist unangenehm …

FARKAS: Was?

WALDBRUNN: Das ist sehr unangenehm …

FARKAS: Was???

WALDBRUNN: Wenn einer aus einem Automaten eine Tafel Schokolade um einen Schilling will … Das ist unangenehm …

FARKAS: Was??

WALDBRUNN: Bis man so eine Sardelle durch den Schlitz zwängt …

FARKAS: Ich werde dir etwas sagen, Ernst … Du brauchst den Blöden nicht mehr zu *spielen* …

WALDBRUNN *(erfreut)*: Nein?

FARKAS: Nein. Du *bist* blöd!

Butter am Kopf

FARKAS *(vor dem Vorhang)*: Wir Kabarettisten der älteren Schule haben auch Butter am Kopf, weil man uns vorwirft, daß wir den Nachwuchs nicht zu Wort kommen lassen. Das stimmt aber nicht. Der Nachwuchs hätte bei uns bestimmt etwas zu *reden*, wenn er mehr zu *sagen* hätte. Wir heutigen, sogenannten »arrivierten« Kabarettisten waren ja auch einmal Anfänger. Da galt es eben, die Chance zu nützen. Ich kann Ihnen da ein Beispiel geben.
Sie alle kennen ERNST WALDBRUNN. Wenn Sie ihn heute sehen, wird er Ihnen vielleicht gefallen – der eine oder andere unter Ihnen wird ihn vielleicht sogar komisch finden – das ist schon vorgekommen – keiner aber wird daran denken, daß dieser ERNST WALDBRUNN auch einmal zum Nachwuchs gehört hat … daß er auch einmal Anfänger war … der war nicht immer so blöd, wie er heute ist. Das heißt, blöd war er immer, aber nicht so perfekt. Ich weiß das, weil ich Zeuge seines ersten Auftretens am Kabarett war. Es war in Leitmeritz. Ich war damals mit einer kleinen Revue unterwegs … mein Partner war Fritz Grünbaum … ich sollte eine Doppelconférence mit ihm halten – plötzlich bekam er Grippe, und man schickte mir einen jungen Schauspieler vom Leitmeritzer

Stadttheater –- einen gewissen ERNST WALDBRUNN. Das Lokal, in dem wir spielten, war so ähnlich wie unser »Simpl« – nur kleiner. Der Saal war kleiner – die Bühne war kleiner – die Preise waren klei – waren gleich – – das Plakat war kleiner – statt dem Simpl-Bully war ein Zwergrattler drauf – es war alles kleiner. Rechts neben der Bühne war eine Tür … so wie hier … ich sage bereits die Doppelconférence an – plötzlich stürzt ein schmächtiger, junger Mann herein und schreit – –

WALDBRUNN (*stürzt herein*): Komme ich zu spät?

FARKAS (*irritiert*): Nein …

WALDBRUNN: Ich hatte im Theater zu tun … in »Maria Stuart« …

FARKAS: Ich weiß …

WALDBRUNN: Ich habe den O'Kelly gespielt …

FARKAS: Es wurde mir mitgeteilt …

WALDBRUNN: »Flieht, Mortimer, flieht!« habe ich gesagt. »Alles ist verloren!«

FARKAS: Ich habe davon gehört …

WALDBRUNN: Dann bin ich flugs hierhergeeilt …

FARKAS (*gereizt*): Ich sehe es! Begrüßen Sie das Publikum …

WALDBRUNN: Servus, Mundi!

FARKAS: Was heißt »Mundi«?

WALDBRUNN: Mundi Schiff ist da …

FARKAS: Sie sollen doch nicht einen begrüßen, sondern alle!

WALDBRUNN: Ach so? (*Geht ins Publikum, reicht jedem die Hand*) Guten Abend, Herr Berger … Guten Abend, Herr Prager … Servus, Egon … Küß die

Hand, gnädige Frau … *(zu Farkas)* es wird zu lange dauern …

FARKAS *(wütend)*: Kommen Sie herauf! Sind Sie noch nie im Kabarett aufgetreten?

WALDBRUNN: Nein. Ich spiel immer nur den O'Kelly. »Flieht, Mortimer, flieht! Alles ist verloren!«

FARKAS: Hören Sie mit dem Blödsinn auf! Wissen Sie, was Sie hier mit mir machen sollen?

WALDBRUNN: Eine Doppelconférence.

FARKAS: Wissen Sie, was das ist?

WALDBRUNN: Eine Conférence, die von zwei Künstlern gehalten wird …

FARKAS: Und warum von *zwei* Künstlern?

WALDBRUNN: Wahrscheinlich traut sich einer allein nicht, die Verantwortung dafür zu übernehmen.

FARKAS *(wütend)*: Nein! Weil einer der Gescheite sein muß – in diesem Falle ich – und einer der Blöde – in diesem Falle Sie! Haben Sie mich verstanden?

WALDBRUNN: Natürlich. Ich bin ja flugs im Verstehen.

FARKAS: Dann sagen Sie etwas.

WALDBRUNN: Flugs?

FARKAS: Ja.

WALDBRUNN: Was soll ich sagen?

FARKAS: Etwas Blödes.

WALDBRUNN: Blödes weiß ich nichts.

FARKAS: Dann sagen Sie etwas Gescheites.

WALDBRUNN *(strahlend)*: »Flieht, Mortimer, flieht! Alles ist verloren!«

FARKAS: Das ist nicht gescheit!

WALDBRUNN: Schiller.

FARKAS: Es paßt aber nicht in die Doppelconférence! Sagen Sie etwas aus einer anderen Rolle!

WALDBRUNN: Ich habe noch keine andere gespielt.

FARKAS: Nur den O'Kelly?

WALDBRUNN: Nur den O'Kelly.

FARKAS: Der hat doch in dem ganzen Stück nur *einen* Satz …

WALDBRUNN: Zwei. »Flieht, Mortimer, flieht! Alles ist verloren!«

FARKAS: Sie werden aber doch in der Theaterschule eine Rolle studiert haben … Sie werden doch, wie jeder junge Schauspieler, einer großen Persönlichkeit nacheifern …

WALDBRUNN: Das schon …

FARKAS: Und wer ist das? Wollen Sie ein zweiter Josef Kainz werden?

WALDBRUNN: Nein …

FARKAS: Ein Werner Kraus?

WALDBRUNN: Nein …

FARKAS: Wer denn wollen Sie werden?

WALDBRUNN: Wenn ich es schon sagen darf, Herr Farkas … einer wie Sie …

FARKAS (*geschmeichelt*): Warum grad wie ich?

WALDBRUNN: Ich bin nicht ehrgeizig.

FARKAS (*wütend*): Wie Sie sich unter die Menschen geschmuggelt haben, weiß ich nicht! Wenn Sie nicht ehrgeizig sind, warum sind Sie zum Theater gegangen?

WALDBRUNN: Weil ich zu nichts anderem getaugt habe. In meiner Vaterstadt, in Brünn, war ich ohnehin etwas Besseres: Praktikant bei Leubuscher & Co., Kurzwaren en gros – en détail.

FARKAS: Warum sind Sie fort?

WALDBRUNN: Weil mich der Co. entlassen hat.

FARKAS: Flugs?

WALDBRUNN: Flugs. Er hat eines Tages gehört – der Co. –, wie eine Dame zwei Meter schwarzen Samt von mir verlangt hat. Ich habe gesagt: »Schwarzen Samt haben wir keinen.« Drauf hat der Co. zu mir gesagt: »Sie dürfen nie sagen, daß wir etwas nicht haben. Wenn etwas nicht auf Lager ist, bietet man etwas Ähnliches an. Passen Sie auf, wie *ich* das mache!« Gleich darauf ist eine Dame gekommen und hat drei Meter rote Seide verlangt. Hat der Co. gesagt: »Rote Seide haben wir nicht – nur grüne Seide. Ich würde Ihnen aber raten, die grüne Seide zu nehmen, weil es bald überhaupt keine Seide mehr geben wird – unter den Seidenwürmern ist nämlich eine Epidemie ausgebrochen!« Richtig hat die Dame die grüne Seide genommen. Bald darauf kommt eine andere Dame und verlangt von mir schwarze Bandeln. Sag ich: »Schwarze Bandeln haben wir nicht – nur weiße Bandeln. Ich würde Ihnen aber raten, die weißen Bandeln zu nehmen, weil es bald überhaupt keine Bandeln mehr geben wird – unter den Bandelwürmern ist nämlich eine Epidemie ausgebrochen!« Hat mich der Co. hinausgeworfen.

FARKAS: Und da sind Sie einfach zum Theater gegangen? Die Berufung zum Theater muß man doch in sich fühlen, junger Mann! Ich könnte Ihnen Geschichten erzählen ... von Erfolgen ... vom »Pferde ausspannen ...«

WALDBRUNN: Wieso? Waren Sie früher Kutscher?

FARKAS (*wütend*): Das Publikum hat mir die Pferde ausgespannt!

WALDBRUNN: Das hat es mir auch schon einmal gemacht. Ich habe in Leitomischl gastiert ... als O'Kelly ... »Flieht, Mortimer, flieht! Alles ist verloren!« ... da hat mir das Publikum die Pferde ausgespannt und hat mich im Wagen sitzen lassen.

FARKAS: Um beim Theater die nötige Reife zu erlangen, muß man einen großen Schmerz in sich fühlen ...

WALDBRUNN: Hab ich. Ein Paar enge Schuhe.

FARKAS: Ich meine doch einen seelischen Schmerz.

WALDBRUNN: Hab ich auch. Eine Braut. Ada Schiff – die Schwester vom Mundi.

FARKAS: Ist sie schön?

WALDBRUNN: Ich weiß es nicht. *Mir* gefällt sie *nicht*.

FARKAS: Das hört doch ihr Bruder ...

WALDBRUNN: Er weiß es ja. Sie schielt, aber sie wird einmal das Geschäft erben – und da habe ich mir gedacht, für eine Geschäftsfrau ist es nicht schlecht, wenn sie die Augen überall hat.

FARKAS: Und wo ist der Schmerz?

WALDBRUNN: Eines Tages – es war im letzten Sommer – wollte ich ein Sonnenbad nehmen. Ich habe mich hinter einem Gebüsch flugs ausgezogen und habe mir Gelsen auf den Körper gemalt ...

FARKAS: Wozu?

WALDBRUNN: Damit die wirklichen Gelsen glauben, es ist schon alles besetzt. Auf einmal sehe ich sie – Ada – durch den Wald kommen – Hand in Hand mit meinem Friseur. Vor dem Gebüsch sind sie stehengeblieben und haben sich geküßt – –

FARKAS: Das hat Sie natürlich getroffen.

WALDBRUNN: Schwer. Grad an dem Tag …

FARKAS: War es Ihr Geburtstag?

WALDBRUNN: Nein …

FARKAS: Was denn war grad an dem Tag?

WALDBRUNN: Grad an dem Tag – wollte ich mir die Haare schneiden lassen.

FARKAS: Sie haben sich natürlich sofort entlobt …

WALDBRUNN: Ich wollte. Ich habe meinen Ring zurückverlangt – inzwischen hatte sie fünf Kilo zugenommen, und der Ring ist nicht mehr heruntergegangen.

FARKAS: Na und?

WALDBRUNN: Im Mai ist die Hochzeit.

FARKAS: Sie heiraten sie?

WALDBRUNN: Was bleibt mir and'res übrig? Dabei liebe ich eine andere, die ich aber nicht heiraten kann, weil sie ihren Posten verlieren würde. Ihr Chef will nur unverheiratete Angestellte. Wir könnten unsere Ehe allerdings geheimhalten –

FARKAS: Was ist aber, wenn Sie ein Kind bekommen?

WALDBRUNN: Dem Kind könnten wir es ja sagen.

FARKAS *(ärgerlich das Thema wechselnd):* Kommen wir zur Doppelconférence.

WALDBRUNN: Ist sie denn das noch nicht?

FARKAS: Nein. Zu einer Doppelconférence gehört ein originelles Thema.

WALDBRUNN: Was ist originell?

FARKAS: Alles, was schon länger als sechs Jahre nicht da war. Reden wir zum Beispiel – von Malerei.

WALDBRUNN: Das liegt mir. Da kann ich – flugs – etwas sagen. *(Gespielt)* Mein Schwager ist Maler.

FARKAS: Landschafts- oder Porträtmaler.

WALDBRUNN: Mittags- und Nachtmahler.

FARKAS: Sehr gut! Das zeigt bereits die intelligenten Ansätze einer Doppelconférence. Gehen wir weiter! *(Gespielt)* Hat Sie Ihr Schwager schon gemalt?

WALDBRUNN: Nein. Wenn ich mich malen lasse, gehe ich zu einem Künstler, der imstande ist, auch meine geistigen Fähigkeiten im Bild festzuhalten.

FARKAS: Da müssen Sie zu einem Miniaturenmaler gehen!

BEIDE: Sehr gut! *(Lachen vor Freude)*

FARKAS *(gespielt): Mein* Schwager ist Statistiker. Der hat mir gesagt, daß, sooft ich ausatme, ein Mann tot umfällt.

WALDBRUNN: Warum verwenden Sie kein Mundwasser?

FARKAS: Sehr gut! *(Beide lachen)* Mein Schwager ist Hundeliebhaber! Der hat einen braunen Dackel zu Haus' –

WALDBRUNN: Meiner auch! Nur ist er nicht braun, sondern schwarz – und dann ist er kein Dackel, sondern eine Katze! *(Beide lachen)*

FARKAS: Jetzt komm wieder ich!

WALDBRUNN: Ich, bitte! Sie reden doch sowieso den ganzen Abend!

FARKAS: Ich muß aber etwas Gescheites sagen. Damit habe ich in Mährisch-Ostrau einen Riesenerfolg gehabt. Ich war in einem Varieté engagiert – vor mir ist ein dressierter Orang-Utan aufgetreten – ich komme auf die Bühne – Applaus – –

WALDBRUNN: Da haben die Leute geglaubt, der Orang-Utan gibt was drauf!

FARKAS *(beleidigt)*: Sie Ochs, Sie! Ich habe über die Ähnlichkeit zwischen Liebe und Grammatik gesprochen. »Die Liebe«, habe ich gesagt, »ist ein HAUPTWORT, für junge Leute ein VERHÄLTNISWORT, für Verheiratete ein BINDEWORT, in gewissen Fällen ein UMSTANDSWORT, für Treulose ein ZEITWORT, für Kavaliere ein ZAHLWORT – –

WALDBRUNN: Und für Sie ein FREMDWORT!

FARKAS: Das ist eine Frechheit!

WALDBRUNN: Ihre Frau hat es mir gesagt ...

FARKAS: Schweigen Sie! Auf diese Weise wird ein wirklicher Künstler niemals eine Doppelconférence mit Ihnen machen!

WALDBRUNN *(zum Publikum)*: Deshalb mache ich sie jetzt schon das dritte Jahr – *mit ihm!*

Zwei Gescheite

FARKAS *(vor dem Vorhang):* Und nun kommen wir wieder zur Doppelconférence! Sie wissen: zwei Schauspieler – einer spielt den Gescheiten und einer den Blöden. Bei uns sind diese Rollen individuell besetzt – der Gescheite bin ich – der Blöde ERNST WALDBRUNN. ERNST WALDBRUNN ist ein Spezialist auf diesem Gebiet. Er ist als Blöder von einer solch unheimlichen Natürlichkeit, daß man oft nicht weiß, wo das Spiel aufhört und die Wirklichkeit beginnt. Sie werden das sofort sehen. ERNST WALDBRUNN wird im nächsten Moment mit ein paar ganz dummen Worten vor Ihnen erscheinen – und zwar wird er sagen –

WALDBRUNN *(tritt a tempo auf; mißmutig):* Sei nicht bös, Karl – aber ich mache es nicht.

FARKAS: Was heißt, du machst es nicht?

WALDBRUNN: Ich mache es nicht.

FARKAS: Was machst du nicht?

WALDBRUNN: Den Blöden. Ich habe mich den ganzen Sommer dagegen gewehrt, du hast mich überredet, ich habe wieder »ja« gesagt, heute ist die Premiere – ich mache es nicht!

FARKAS: Du kannst mich doch nicht im letzten Moment im Stich lassen?

WALDBRUNN: Es tut mir leid, Karl – soll es der Muliar machen oder der Heller – ich mache es nicht!

FARKAS: Und warum nicht?

WALDBRUNN *(immer erregter)*: Weil der »Blöde« beginnt, in mein Privatleben einzugreifen. Überall lachen mich die Leute an, als ob ich ein Idiot wäre! In der Straßenbahn sagen sie mir: »Gestern waren Sie wieder blöd!« Die Hausbesorgerin lacht mich aus … der Delikatessenhändler … meine eigene Frau! So glücklich haben wir gelebt … wenn wir einmal weinen wollten, mußten wir ins Kino gehen – und was ist heute? Unser Baby beginnt zu sprechen. Es sagt »Mama«, »Omama«, »Opapa« – nur »Papa« sagt es nicht! Und warum nicht? Weil meine Frau ihm gar nicht sagt, daß ich sein Vater bin! Weil sie warten will, bis es stärker ist! Bis es den Schock ertragen kann! *(Weint)* Weil sie sich schämt, daß ich immer der Blöde bin!

FARKAS *(beruhigend)*: Reg dich nicht auf, ich werde dich etwas fragen. Ja?

WALDBRUNN *(schluchzend)*: Ja …

FARKAS: Du heißt doch Ernst Waldbrunn …

WALDBRUNN: Ja …

FARKAS: Was bist du?

WALDBRUNN *(immer mit den Tränen kämpfend)*: Römisch-katholisch.

FARKAS: Das ist dein Glaube. Ich meine deinen Beruf. Ich zum Beispiel bin Schauspieler.

WALDBRUNN: Das ist *dein* Glaube.

FARKAS: Schweig! Als Schauspieler hast du einen Vertrag unterschrieben. Was steht in dem Vertrag, als was du dem »Simpl« zur Verfügung zu stehen hast?

WALDBRUNN: Als Blöder.

FARKAS: Die Sache ist also klar. Du mußt den Blöden spielen, oder du mußt den Vertrag lösen. In diesem Fall verlierst du natürlich die Gage. Was willst du also?

WALDBRUNN *(die Tränen schluckend)*: Den Blöden spielen.

FARKAS: Dann geh jetzt und komm auf dein Stichwort wieder heraus.

WALDBRUNN: Bitte. Aber sei menschlich, Karl – sei menschlich …

FARKAS: Du kannst dich auf mich verlassen.

WALDBRUNN *(ab)*.

FARKAS *(allein, zum Publikum)*: Entschuldigen Sie diesen kleinen Zwischenfall … meinem Kollegen sind die Nerven durchgegangen … das kann vorkommen. Wir beginnen also unsere Doppelconférence. Wie ich Ihnen bereits gesagt habe, bin der Gescheite ich – der Blöde ist ERNST WALDBRUNN. ERNST WALDBRUNN, der sich ja inzwischen beruhigt haben wird, wird im nächsten Moment mit ein paar ganz dummen Worten vor Ihnen erscheinen – und zwar wird er sagen …

WALDBRUNN *(tritt auf, spielt den »Blöden«, spricht mit heiserer Stimme)*: Servus, Karl …

FARKAS *(ebenfalls gespielt)*: Servus, Ernst. Du bist ja ganz heiser …

WALDBRUNN: Leider. Ich habe einen Emmentaler gegessen, und da hat es so durch die Löcher gezogen. *(Wieder aus der Rolle fallend, unglücklich)*: Ich kann nicht!

FARKAS *(wütend)*: Spiel!

WALDBRUNN: Es geht nicht, Karl! Sei menschlich! Laß mich wieder einmal den Gescheiten spielen, und spiel du den Blöden!

FARKAS: Das haben wir voriges Jahr versucht – das war nicht gut. Die Leute glauben dir den Gescheiten nicht, wie sie mir den Blöden nicht glauben.

WALDBRUNN: Dann machen wir zwei Gescheite, Karl! Wir haben doch ein gutes Publikum. Die Leute werden sich freuen, wenn zwei intelligente Menschen wie wir –

FARKAS: *Ein* intelligenter Mensch.

WALDBRUNN: *Ein* intelligenter Mensch und du miteinander konversieren.

FARKAS: Das kannst du doch nicht.

WALDBRUNN: Versuchen wir's, Karl! Bitte, sei menschlich!

FARKAS: Schön. Obwohl es natürlich keinen Humor hergeben wird.

WALDBRUNN: Das mit dem Blöden ist auch kein Humor, Karl ...

FARKAS: Das ist amerikanischer Humor.

WALDBRUNN: Mein Freund hat gesagt nein.

FARKAS: War dein Freund in den USA?

WALDBRUNN: In der U nicht. In der SA war er.

FARKAS: Schweig!

WALDBRUNN: Sei menschlich, Karl!

FARKAS (*ungeduldig*): Ja! Worüber reden wir?

WALDBRUNN: Ich weiß es nicht.

FARKAS: Worüber *kannst* du reden? Hast du kein Steckenpferd?

WALDBRUNN: Nein. Hast *du* eines?

FARKAS: Ja.
WALDBRUNN: So ein großer Bub? Wo reitest du da herum? Im Zimmer?
FARKAS: Ich reite nicht! Wenn ich sage ein Steckenpferd, meine ich ein Hobby, eine Lieblingsbeschäftigung! Jeder große Mensch hat eine solche. Schau den Ike an! Du weißt doch, wer der Ike ist?
WALDBRUNN: Natürlich. Der brave Soldat Ike.
FARKAS: Schwejk!
WALDBRUNN: Erst fragst du mich, dann sagst du schweig …
FARKAS: Ich habe nicht gesagt schweig – ich habe gesagt Schwejk! »Der brave Soldat Schwejk« ist ein Roman von Hašek – und Ike ist Präsident Eisenhower.
WALDBRUNN: Der ist doch auch ein braver Soldat …
FARKAS: Das schon …
WALDBRUNN: Und der hat ein Steckenpferd?
FARKAS: Der angelt. Am Ufer sitzend.
WALDBRUNN: Wo ist dann das Steckenpferd?
FARKAS (*wütend*): Hör schon auf mit dem Steckenpferd! Ich habe dir bereits gesagt, daß ein Steckenpferd eine Lieblingsbeschäftigung ist! Er angelt, wenn ihm seine Besprechungen Zeit dazu lassen.
WALDBRUNN: Mit wem hat er Besprechungen?
FARKAS: Mit verschiedenen Leuten. Zum Beispiel mit dem Außenminister.
WALDBRUNN: Er hat einen Außenminister?
FARKAS: Jede Regierung hat einen Außenminister. Die Amerikaner haben den Dulles.
WALDBRUNN: Die auch schon?
FARKAS: Was heißt, die auch schon? Er *heißt* Dulles!

WALDBRUNN: Der wird aber nicht lang bleiben.

FARKAS: Warum nicht?

WALDBRUNN: Ich habe einmal gehört: es geht Dulles vorüber – es geht Dulles vorbei …

FARKAS *(verzweifelt)*: Ich kann mit dir nicht reden!

WALDBRUNN: Sei menschlich, Karl, sei menschlich!

FARKAS: Gut! Gehen wir weiter! Der Eisenhower angelt also, und das tu auch ich.

WALDBRUNN: Du angelst?

FARKAS: Ja.

WALDBRUNN: Was angelst du?

FARKAS: Hechte.

WALDBRUNN: Wie viele hast du schon gefangen?

FARKAS: Noch keinen.

WALDBRUNN: Wenn du noch keinen gefangen hast, wieso weißt du dann, daß du Hechte angelst?

FARKAS *(schaut ihn mitleidig an)*: Du hast das Schießpulver auch nicht erfunden.

WALDBRUNN: Nein. Hat es jemand gesagt?

FARKAS: Nein!!!

WALDBRUNN: Ich habe nicht einmal das Kopfwehpulver erfunden …

FARKAS: Ich weiß!! Gehen wir weiter! Der Eisenhower angelt also, die Königin Elisabeth sammelt Briefmarken, der Truman spielt Klavier, der Churchill malt …

WALDBRUNN: Der Churchill ist doch Politiker …

FARKAS: Ja – und sein Steckenpferd ist die Malerei. Er ist eben ein malender Politiker.

WALDBRUNN: Ist besser als ein politischer Maler. *(Hitlergruß)* Haben wir auch schon gehabt. Ich glaube aber nicht, daß der Churchill malt.

FARKAS: Ich habe ihn doch selbst gesehen. Auf den Bermudainseln.

WALDBRUNN: Du warst auf den Bermudainseln?

FARKAS: Ich nicht. Der Churchill.

WALDBRUNN: Wieso hast du ihn dann gesehen?

FARKAS: Weil man ihn dort, vor der Staffelei sitzend, aufgenommen hat. Und am nächsten Tag war das Bild bei uns in der Zeitung.

WALDBRUNN: So schnell? Das gibt es doch nicht.

FARKAS: Warum nicht? Man kann doch heute Bilder telegrafisch übermitteln.

WALDBRUNN: Mit Rahmen?

FARKAS: Ohne Rahmen, du Depp! Von Technik hast du überhaupt keine Ahnung.

WALDBRUNN: Sag das nicht, Karl – ich höre sehr gerne Radio. Ich habe sogar eine Lieblingssendung: »Meisterwerke der Tonkunst!«

FARKAS: Bist du so musikalisch?

WALDBRUNN: Nein, aber anschließend kommt die Fußballreportage.

FARKAS: Das schaut dir ähnlich! Fußball ... Boxen ... Was Kultur heißt, weißt du natürlich nicht.

WALDBRUNN: Das stimmt. Sie kann aber nichts Feines sein – die Kultur.

FARKAS: Warum nicht?

WALDBRUNN: Etwas, das alles beleckt? ... Weißt *du*, was Kultur ist?

FARKAS: Natürlich weiß ich es. Kultur ist, einem Volk, das nackt und sorglos in der Wüste gelebt hat, Kleider anzuziehen und ihm dafür das Petroleum wegzunehmen. Allerdings waren diese Völker glücklicher ohne

Kultur. Denn was hat ihnen die Kultur schon gebracht? Vor allem das Geld …

WALDBRUNN: Und die Geldentwertung, die ich immer so fürchte.

FARKAS: Warum fürchtest du sie?

WALDBRUNN: Weil es dagegen kein Mittel gibt. Wie kann man sich gegen Geldentwertung schützen?

FARKAS: Am besten durch sparen. Wenn du dir jedes Jahr 10.000 Schilling ersparst, hast du in zehn Jahren 100.000 Schilling – wenn dann eine Geldentwertung kommt, hast du noch immer genug zum leben.

WALDBRUNN: Das ist keine Lösung.

FARKAS: Warum nicht?

WALDBRUNN: Bei meinem Pech kommt keine Geldentwertung, und ich steh da mit 100.000 Schilling!

FARKAS: Wenn man die Klugheit *hören* würde – würde von dir eine göttliche Stille ausgehen. Reden wir weiter von Kultur. Was hat sie den Völkern noch gebracht? Kriege … Streiks …

WALDBRUNN: Das stimmt. Ich habe gelesen, daß in der Türkei sogar schon die Eunuchen streiken.

FARKAS: Warum?

WALDBRUNN: Sie wollen ihre Sachen zurück.

FARKAS: So etwas Blödes …

WALDBRUNN: Das ist gar nicht so blöd! Alle wollen ihre Sachen zurück. Die Deutschen die Saar, Österreich Südtirol, Tito Triest …

FARKAS: Deshalb gibt es ja dauernd Kriege. Überall wird aufgerüstet. Sogar Deutschland bekommt wieder eine Wehrmacht. Ehemalige Parteimitglieder werden ihr allerdings nicht beitreten dürfen.

WALDBRUNN: Da werden sie eine Fremdenlegion gründen müssen. Warum führt man denn eigentlich immer Krieg?

FARKAS: Wegen des Öls. Wer das Öl hat, hat alles. Der Kohlenvorrat der Welt reicht doch nur noch für 2000 Jahre.

WALDBRUNN: Das macht mir nichts. Ich heize mit Koks.

FARKAS: Der liebe Gott muß dumme Menschen gern haben, sonst hätte er es nicht dulden können, daß so etwas gezeugt wird! *(Schreit)* Ich rede doch nicht von dir – ich rede doch von der Menschheit! Jede Macht will das Öl haben, und deshalb werden unter allerlei Vorwänden Kriege geführt! Der eine will uns vom Kapitalismus befreien, der andere vom Ultramontanismus – der dritte vom Kommunismus, der vierte vom Anarchismus – –

WALDBRUNN: Wenn sie schon dabei sind, könnten sie den Rheumatismus auch gleich mitnehmen ...

FARKAS *(fortsetzend)*: Und die Völker müssen es büßen. Es werden noch und noch Waffen erzeugt ... Das führt zu einer Kapitalsanlage, die sich nicht bezahlt macht – du weißt doch, was das ist, eine Kapitalsanlage, die sich nicht bezahlt macht?

WALDBRUNN: Wenn man die eigene Schwester ins Kino führt.

FARKAS *(wütend)*: Wenn man Waffen erzeugt, ohne sie zu verwenden. Deshalb wird der Krieg künstlich herbeigeführt. Ich bin ein friedliebender Mensch, und so wie ich sind Millionen andere. Ich bin im Allgemeinen Krankenhaus zur Welt gekommen – –

WALDBRUNN: Was hat dir gefehlt?

FARKAS: Meine Mutter ist dort gelegen, du Ochs! Ich bin zur Schule gegangen … habe einen Beruf ergriffen …

WALDBRUNN: Ich bin auch nicht kriegerisch. Obwohl ich spanisches Blut in den Adern habe.

FARKAS: Du hast spanisches Blut in den Adern? Vom Vater?

WALDBRUNN: Nein.

FARKAS: Von der Mutter?

WALDBRUNN: Auch nicht.

FARKAS: Von wem denn?

WALDBRUNN: Bluttransfusion. Ich bin auch zu ihr gegangen – zur Schule … Ich habe ihn auch ergriffen – den Beruf … Ich habe an mir gearbeitet, bis ich das wurde, was ich heute bin – –

FARKAS: Du hast zu früh zu arbeiten aufgehört.

WALDBRUNN: Und wenn auch mein Verstand mein einziges Vermögen ist –

FARKAS: Mach dir nichts draus – Armut ist keine Schande.

WALDBRUNN *(fortsetzend)*: – betrachte ich mein Glück mit den Augen meiner Mitmenschen und bin zufrieden.

FARKAS: Das ist sehr schön gesagt.

WALDBRUNN: Ist nicht von mir. Also sprach Zahnarzt Thustra.

FARKAS: Zarathustra! Die Weisen erfinden die Zitate – die Dummen plappern sie nach.

WALDBRUNN: Das ist auch gut. Wem hast du das nachgeplappert?

FARKAS: Du regst mich derart auf … aber ich verspreche dir eines: wenn ich an dir zugrunde gehe, erscheine ich dir jede Nacht als Gespenst.

WALDBRUNN: Das macht mir nichts. In unserer Familie hat man keine Angst vor Gespenstern. Mein Bruder hat da einmal etwas erlebt …

FARKAS: Was?

WALDBRUNN: Er hat in einem alten Schloß in einem Zimmer übernachtet, von dem man ihm gesagt hat, daß ein Gespenst drinnen umgeht. Mein Bruder legt sich ins Bett, läßt ein mattes Licht brennen … legt seinen Revolver neben sich hin … auf einmal, knapp vor dem Einschlafen, bemerkt er fünf kleine Finger, die sich am unteren Ende des Bettes bewegen. Mein Bruder reißt die Augen auf … schließt sie … öffnet sie wieder – aus den fünf Fingern sind zehn geworden! Mein Bruder nimmt seinen ganzen Mut zusammen und sagt: »Lassen Sie diese dummen Scherze oder ich schieße!« Die kleinen Hände bewegen sich bittend – aber kein Gesicht erscheint. Mein Bruder nimmt den Revolver und sagt: »Ich warte nicht länger – bei drei schieße ich!« Die kleinen Hände bleiben starr und rühren sich nicht. Mein Bruder sagt: »Ich warne Sie noch einmal – stehen Sie auf oder ich schieße!« Die zehn Finger fangen zu zittern an. Mein Bruder zählt: »Eins, zwei – drei!« – schießt –

FARKAS (*der atemlos der Schilderung gefolgt ist*): Und? Was war?

WALDBRUNN: Seitdem hinkt er auf dem linken Fuß!

FARKAS (*schaut ihn erst lange wütend an, dann sagt er*): Du hast uns blamiert! Wir haben dem Publikum versprochen, daß wir zwei Gescheite sein werden, und was waren wir? Wieder ein Gescheiter und ein Blöder!

WALDBRUNN: Waren wir ja gar nicht, Karl …
FARKAS: Was denn waren wir?
WALDBRUNN: Wirst du menschlich sein, wenn ich's dir sage?
FARKAS: Ja.
WALDBRUNN: *Zwei Blöde!!*

Zwei Jahre später

Farkas *(vor dem Vorhang)*: Ich weiß nicht, ob es Ihnen aufgefallen ist, daß in den letzten zwei Jahren in unseren Revuen ein Programmpunkt gefehlt hat: die Doppelconférence. Sie wissen: der G'scheite und der Blöde.

Das hatte seinen Grund: Wir halten es wie beim Film, wo die Rollen individuell besetzt werden. Braucht man einen älteren Herrn, der – sagen wir – aussehen soll wie ein Generaldirektor oder ein Minister, so nimmt man keinen jungen Mann, den man auf alt herrichtet, sondern sucht einen älteren Herrn, der eben wirklich aussieht wie ein Generaldirektor oder ein Minister. Das heißt, man besetzt die Rollen typmäßig. Das haben wir auch immer so gemacht. Typgemäß besetzt und mit dem besten Vertreter des Typs. Deshalb habe in der Doppelconférence den Gescheiten immer ich gespielt – und den Blöden ERNST WALDBRUNN.

ERNST WALDBRUNN war in den letzten zwei Jahren durch verschiedene andere Verpflichtungen verhindert, bei uns aufzutreten, und ehe wir einen anderen genommen hätten, haben wir lieber auf die Doppelconférence verzichtet. Denn wo gibt es noch so einen Blöden wie den Waldbrunn? Jetzt ist er aber wieder zu uns zurückgekehrt, und so bin ich heute in der angenehmen Lage, Ihnen nach längerer Zeit wieder einmal eine Doppelconférence ankündigen zu können. ERNST WALDBRUNN und seine Art kennen Sie ja. Er wird sich jetzt natürlich wieder weigern, den Blöden zu spielen … wird erzählen, daß das keine Rolle für ihn ist … daß er überhaupt keine Doppelconférence mehr machen wird usw. – Er wird sofort mit verdrossenem Gesicht zur Tür hereinkommen und wird sagen – –

WALDBRUNN (*tritt a tempo auf; freudestrahlend*): Ich freu mich!

FARKAS: Was?!?

WALDBRUNN: Ich freu mich!!

FARKAS: Worauf?

WALDBRUNN: Auf die Doppelconférence. Ich habe schon so lange keine gemacht! Ich freu mich!!

FARKAS: Du scheinst nicht zu wissen, daß du den Blöden spielen mußt …

WALDBRUNN: Doch. Darauf freu ich mich ja! Ich freu mich!!

FARKAS: Wir hatten besprochen, daß du dich weigern wirst, wie du es immer gemacht hast!

WALDBRUNN: Das kann ich nicht.

FARKAS: Warum nicht?

WALDBRUNN: Weil ich mich freu! Ich freu mich!

FARKAS: Dann geh noch einmal zurück – ich muß deinen Auftritt anders vorbereiten.

WALDBRUNN: Wir machen aber die Doppelconférence?

FARKAS: Ja.

WALDBRUNN: Und ich darf den Blöden spielen?

FARKAS (*wütend*): Ja!!

WALDBRUNN *(glücklich)*: Karl …

FARKAS: Was?

WALDBRUNN: Ich freu mich! *(Ab)*

FARKAS *(allein)*: Das ist Waldbrunn! Immer hat er sich gegen den Blöden gewehrt – heute freut er sich! *(Ansagend)* Ernst Waldbrunn wird also sofort mit strahlendem Gesicht zur Tür hereinkommen und glücklich lächelnd sagen – –

WALDBRUNN *(kommt a tempo mit verdrossener Miene)*: Ich mach's *doch* nicht!

FARKAS: Was machst du nicht?

WALDBRUNN: Die Doppelconférence.

FARKAS: Du hast doch eben gesagt, daß du dich freust –?

WALDBRUNN: Ich hab's mir überlegt. Immer soll ich den Blöden spielen – ich mach's nicht.

FARKAS *(gereizt)*: Es war doch besprochen – –

WALDBRUNN: Ich kann nicht, Karl – ich kann nicht! Nicht, daß ich eingebildet wäre … wenn ich eine Dummheit mache, bin ich der erste, der darüber lacht …

FARKAS: Da mußt du ein sehr lustiges Leben führen …

WALDBRUNN *(fortsetzend)*: Aber es ist meiner nicht würdig. Ich habe maturiert … ich spreche Fremdsprachen …

FARKAS: Was für Fremdsprachen sprichst du?

WALDBRUNN: Französisch.

FARKAS *(zweifelnd)*: Du sprichst Französisch?

WALDBRUNN: Oui.

FARKAS: Dann sag mir, wie auf französisch »guten Tag« heißt.

WALDBRUNN: Das weiß ich nicht.

FARKAS: Wieso nicht?

WALDBRUNN: Ich habe einen Abendkurs besucht, wir haben immer nur »gute Nacht« gesagt.

FARKAS: Mit Französisch kannst du mir auch gar nicht imponieren. Wenn du noch Esperanto könntest …

WALDBRUNN: Was ist das?

FARKAS: Eine Weltsprache.

WALDBRUNN: Wo spricht man die?

FARKAS: Nirgends. Aber Französisch? Das ist nicht schwer.

WALDBRUNN: Sag *das* nicht, Karl – Französisch ist sehr schwer. Meiner Kusine, die voriges Jahr in Paris war, sind dort die Männer nachgelaufen –- noch ehe sie ihnen sagen konnte, daß sie nicht das ist, was sie denken, war sie es schon! – Außerdem will auch meine Braut nicht, daß ich den Blöden spiele.

FARKAS: Du hast eine Braut?

WALDBRUNN: Habe ich sie dir noch nicht vorgestellt? Mein Schneckerl!

FARKAS: Warum heißt sie »Schneckerl«?

WALDBRUNN: Weil sie ein Häuschen hat.

FARKAS: Wer ist sie? Kommt sie aus einer wohlhabenden Familie?

WALDBRUNN: Sehr wohlhabend. Ihr Bruder ist so wohlhabend – der hat sich heuer ein neues Segelboot gekauft, nur weil das alte naß geworden ist.

FARKAS: Ich war auch einmal mit einem reichen Mädel verlobt.

WALDBRUNN: War sie schön?

FARKAS (*überlegend*): Als Silhouette ist sie gegangen. Ich

kann mich noch erinnern, wie ich sie kennengelernt habe. Ihre Eltern hatten ein Geschäft für elektrische Artikel. Sie hat damals ein weißes Kleid getragen und ist mir zuerst durch das Schaufenster aufgefallen. Ich bin in den Laden gegangen … habe sie mir von vorn angeschaut … habe sie mir von hinten angeschaut … bin um sie herumgegangen … habe sie mir noch einmal angeschaut …

WALDBRUNN: Warum hast du sie dir so oft angeschaut?

FARKAS: Ich hab geglaubt, es ist eine Waschmaschine.

WALDBRUNN: Das ist lustig, Karl! Mein Schneckerl, muß ich sagen, ist schön.

FARKAS: Wo hast du sie kennengelernt?

WALDBRUNN: In Gastein. Ich habe sie zum Tanz aufgefordert … habe charmant mit ihr geplaudert …

FARKAS *(belustigt)*: Was sagst du so, wenn du charmant plauderst?

WALDBRUNN: Ich habe gesagt: »Merken Sie, Gnädigste? Ich habe den Tanz im Blut!«

FARKAS: Und was hat *sie* darauf gesagt?

WALDBRUNN: Ich scheine eine schlechte Blutzirkulation zu haben – in die Füße ist er noch nicht gekommen. *(Fortsetzend)* Wir haben Pingpong gespielt …

FARKAS: Das spiele ich nicht gern.

WALDBRUNN: Wir haben ja eine neue Art von Pingpong gespielt, bei der der Ball unter den Tisch fallen muß.

FARKAS: Wo ist da das Vergnügen?

WALDBRUNN: Unterm Tisch. Sie ist aus erstklassigem Haus … ihr Papa ist Gefängnisdirektor …

FARKAS: Weißt du das bestimmt?

WALDBRUNN: Oder Inspektor ... Auf jeden Fall ist er im Landesgericht angestellt.

FARKAS: Vielleicht sitzt er?

WALDBRUNN: Was fällt dir ein! Und wenn – höchstens wegen einer Kleinigkeit.

FARKAS: Und die ist also dagegen, daß du den Blöden spielst.

WALDBRUNN: Ja. Sie sagt, der Farkas will immer gescheiter sein als du – –

FARKAS: Das ist doch gewiß ein bescheidener Wunsch ...

WALDBRUNN: Es gefällt ihr aber nicht. Wenn sie erzählt, daß sie mit dem Waldbrunn verlobt ist, sagt jeder: »Das ist doch der Blöde aus dem Simpl!«

FARKAS: Was willst du also?

WALDBRUNN: Den Gescheiten spielen.

FARKAS: Das geht nicht. Das haben wir schon einmal versucht – das hat nicht resultiert.

WALDBRUNN: Vielleicht resultiert es heute.

FARKAS: Bestimmt nicht.

WALDBRUNN *(bittend)*: O Karl ...

FARKAS: Sag nicht »O Karl« zu mir – es nützt dir nichts! Ich verstehe deinen Wunsch nicht. Der Blöde hat doch viel mehr Möglichkeiten ...

WALDBRUNN: Ich will sie nicht nützen, o Karl!

FARKAS: Immer dasselbe Theater! Schön – spiel heute den Gescheiten!

WALDBRUNN *(erfreut)*: Ist das dein Ernst?

FARKAS: Ja.

WALDBRUNN: Ich darf wirklich –?

FARKAS: Ja!!

WALDBRUNN: Oh, mein Karl ...

FARKAS *(verliert die Geduld)*: Sag nicht »Oh, mein Karl« zu mir! Geh noch einmal ab – ich muß wieder von vorn anfangen!

WALDBRUNN: Wir machen aber die Doppelconférence …

FARKAS: Ja.

WALDBRUNN: Und ich spiel den Gescheiten …

FARKAS: Ja!!

WALDBRUNN *(ernst)*: Ich freu mich. *(Ab)*

FARKAS *(allein)*: Ich bitte um Entschuldigung – Sie haben ja gesehen, was er aufführt. ERNST WALDBRUNN wird also sofort mit intelligent sein wollendem Gesicht durch die Tür kommen und sagen – –

WALDBRUNN *(kommt)*: Ich spiel doch den Blöden!

FARKAS: Was?!?

WALDBRUNN: Ich hab's mir überlegt – der hat wirklich mehr Möglichkeiten.

FARKAS *(zornig)*: Dann fang schon an!

WALDBRUNN: Wie soll ich anfangen?

FARKAS: Indem du etwas sagst!

WALDBRUNN: Was?

FARKAS: Wie immer, etwas Blödes!

WALDBRUNN: Warst du im Ersten Weltkrieg?

FARKAS: Nein.

WALDBRUNN: Da solltest du einmal hingehen.

FARKAS *(drohend)*: Du …!

WALDBRUNN *(entschuldigend)*: Blöder geht's nicht mehr!

FARKAS: Das ist nicht blöd – das ist vertrottelt!

WALDBRUNN: Ich freu mich, o Karl! Aber apropos vertrottelt – was macht dein Bruder?

FARKAS: Welcher? Ich habe acht Brüder.

WALDBRUNN: Acht Brüder?

FARKAS: Warum staunst du so? Wir waren 15 Kinder.

WALDBRUNN: Das ist nicht möglich!

FARKAS: Warum nicht möglich, du Hornochs! Der Maharadscha von Rapadur hat 432 Kinder!

WALDBRUNN: Arme Frau!

FARKAS: Was heißt »arme Frau«? Der hat doch 300 Frauen!

WALDBRUNN: Armer Mann! – Und ihr wart 15 Kinder?

FARKAS: Ja. Neun Buben und sechs Mädels. Die eine hat jetzt geheiratet.

WALDBRUNN: Wen?

FARKAS: Einen Motorführer von der Straßenbahn …

WALDBRUNN: Das muß eine langweilige Ehe sein …

FARKAS: Warum?

WALDBRUNN: Es ist doch verboten, mit dem Motorführer zu sprechen.

FARKAS *(hält sich den Kopf)*: Das halte ich nicht aus!

WALDBRUNN: Wenn ihr 15 Kinder waret, o Karl – ei, das wievielte warst du?

FARKAS: Das letzte.

WALDBRUNN: Nach dir haben deine Eltern die Courage verloren.

FARKAS *(wütend)*: Meine Eltern haben nicht die Courage verloren – meine Eltern haben mich sehr gern gehabt! Mein Vater hat immer zu mir gesagt: »Karli!« – hat er gesagt – –

WALDBRUNN *(belustigt)*: »Karli« hat er gesagt?

FARKAS: Wie denn? Farkas? Haben deine Eltern nie »Ernsti« zu dir gesagt?

WALDBRUNN: Nein.

FARKAS: Wie denn?

WALDBRUNN: Flocki.

FARKAS: Warum »Flocki«?

WALDBRUNN: Sie hätten lieber einen Hund gehabt. In unserer Familie gab es überhaupt sehr komische Namen. Mein Bruder zum Beispiel hat »OMO« geheißen.

FARKAS: Warum »OMO«?

WALDBRUNN: Er wurde an einem Waschtag geboren.

FARKAS: So etwas Blödes!

WALDBRUNN: Ich bin am 24. Dezember geboren worden.

FARKAS: Ausgerechnet?

WALDBRUNN: Ich wollte Weihnachten zu Hause sein.

FARKAS: Wie ein Mensch in ein paar Minuten soviel Blödsinn reden kann ...

WALDBRUNN: Ich red sehr schnell.

FARKAS: Das ist wahr.

WALDBRUNN: Mir ist vieles an einem 24. Dezember zugestoßen. Der 24. Dezember ist sozusagen mein Schicksalstag. Als Büblein klein hat mein Großvater einmal zu mir gesagt ... *(unterbricht sich und zieht ein Foto aus der Tasche)* das ist übrigens ... mein Großvater.

FARKAS *(das Bild betrachtend)*: Väterlicherseits oder mütterlicherseits.

WALDBRUNN: Väterlicherseits. Du siehst doch, daß er einen Schnurrbart hat. Ich trage das Bild bei mir, weil ich es vergrößern lassen will ...

FARKAS: Da kann ich dir einen ausgezeichneten Fotografen empfehlen.

WALDBRUNN: Ich möchte aber, daß er den lächerlichen Hut wegretuschiert.

FARKAS: Macht er. Du mußt ihm nur sagen, was für eine Frisur dein Großvater getragen hat.

WALDBRUNN: Das sieht er ja, wenn der Hut weg ist.

FARKAS: Es ist eigenartig, daß es für jeden Menschen ein Sprichwort gibt, das zu ihm paßt.

WALDBRUNN: Für mich auch?

FARKAS: Für dich auch. Und zwar: »Wem Gott ein Amt gibt, dem gibt er auch den Verstand dazu!«

WALDBRUNN: Ich hab doch gar kein Amt ...

FARKAS: Eben.

WALDBRUNN: Ich freu mich!

FARKAS: Du wolltest vom 24. Dezember erzählen und von deinem Großvater ...

WALDBRUNN: Stimmt. Als Büblein klein hat mein Großvater einmal meine Intelligenz geprüft. Er hat die flache Hand auf einen spitzigen Gartenzaun gelegt und gesagt, ich möge mit der Faust draufschlagen. Ich habe draufgeschlagen – er hat die Hand zurückgezogen – und ich – direkt mit der Hand auf den Gartenzaun!

FARKAS: Also warst du nicht intelligent.

WALDBRUNN: Nein. An einem anderen 24. Dezember – es war gerade Weihnachtsabend –

FARKAS: Das ist am 24. Dezember so üblich.

WALDBRUNN: Des öfteren. An jenem 24. Dezember also wollte ich das mit meinem Bruder ausprobieren. Ich hatte keinen Gartenzaun bei der Hand – habe meine flache Hand auf mein linkes Auge gelegt ... *(legt die*

KARL

Hand auf das Auge, zieht sie weg und markiert den Faustschlag)

FARKAS *(belustigt)*: Er war auch nicht intelligent.

WALDBRUNN: Nein. Voriges Jahr habe ich mir am 24. Dezember den Fuß gebrochen.

FARKAS: Wieso das?

WALDBRUNN: Ich war im Jahr 1950 auf der Rax und habe dort in einem Hotel übernachtet. Vor dem Schlafengehen kommt ein junges, hübsches Stubenmädchen – sexy – und fragt, ob ich nicht noch einen Wunsch hätte. Ich sage: »Nein.« Sie fragt kokett: »Gar keinen?« Ich sage: »Gar keinen.« Drauf sagt sie: »Wenn Sie vielleicht doch einen Wunsch haben sollten – dort ist die Klingel!« Und ging. – Zehn Jahre später – voriges Jahr am 24. Dezember, stehe ich auf einer Leiter und versuche, ein Bild aufzuhängen. Plötzlich fällt mir ein, was das Stubenmädchen damals von mir wollte – ich bin von der Leiter gefallen und habe mir den Fuß gebrochen!

FARKAS: Das sieht dir ähnlich!

WALDBRUNN: Es hat mir nichts ausgemacht. Der Fuß ist heute besser, als er war. Einmal, an einem 24. Dezember, habe ich mir die Hand gebrochen – die ist heute auch besser, als sie war.

FARKAS: Wenn bei dir nach einem Unfall alles besser wird, als es war, solltest du dir einmal eine Gehirnerschütterung besorgen.

WALDBRUNN: Habe ich schon gehabt. Auch am 24. Dezember. Beim Militär.

FARKAS: *Du* warst beim Militär? Du mußt gut ausgesehen haben in Uniform!

WALDBRUNN: Sehr gut! Nur der Stahlhelm war mir zu groß! Und schwer war er – der Stahlhelm!

FARKAS: Hast du den am Marsch getragen?

WALDBRUNN: Nein, am Kopf.

FARKAS *(wütend)*: Das weiß ich! Ich meine, ob du ihn während des Marsches getragen hast!

WALDBRUNN: Auch. Jetzt kriegen wir ja wieder ein Bundesheer – seit Österreich die Anatomie bekommen hat.

FARKAS: Österreich hat nicht die Anatomie bekommen, sondern die Autonomie!

WALDBRUNN: Du bringst das durcheinander, o Karl! Autonomie ist, wenn einer eine Vorliebe für Autos hat.

FARKAS: Das ist eine Auto-Manie!

WALDBRUNN: Automanie ist etwas in der Türkei. Auf einen Türken sagt man ja auch: Automane.

FARKAS *(immer wütender werdend)*: Auf einen Türken sagt man: Ottomane!

WALDBRUNN: Ottomane ist was zum drauf sitzen!

FARKAS: Das ist *eine* Ottomane! Wie wir sagen: ein Sofa!

WALDBRUNN: Sofa ist die Hauptstadt von Bulgarien.

FARKAS: Das ist Sofia!!!

WALDBRUNN: Sofia heißt meine Tante in Leitmeritz.

FARKAS: Die heißt Sophie!

WALDBRUNN: Sophie ist eine englische Entschuldigung. Wenn du dich bei jemandem auf englisch entschuldigen willst, sagst du: »I am sophie!«

FARKAS: I am sorry!!!

WALDBRUNN: Das ist Slang. Ich kenne nämlich einen

Amerikaner, noch dazu einen Verwandten von dem Präsidenten der Vereinigten Staaten – von dem Schopenhauer.

FARKAS: Der Präsident der Vereinigten Staaten heißt Eisenhower!

WALDBRUNN: Eisenhower ist der Obmann der Deutschen Opposition.

FARKAS: Das ist der Ollenhauer!!!

WALDBRUNN: Ollenauer ist der, der das Militär will.

FARKAS: Das ist der Adenauer!!! Wenn man dich reden hört, glaubt man beim ersten Satz, daß du ein Trottel bist –

WALDBRUNN: Und beim zweiten?

FARKAS: Merkt man, daß man sich nicht getäuscht hat! Du solltest mehr lesen.

WALDBRUNN: Ich lese sehr viel.

FARKAS: Aber was.

WALDBRUNN: Nicht das Schlechteste. Zur Zeit lese ich »Faust« von Goethe. Jede Nacht im Bett lese ich ihn – und vor dem Einschlafen lege ich ihn mir noch unter das Kopfkissen.

FARKAS: Faust im Nacken.

WALDBRUNN: Ja. Ich verehre Goethe, und es freut mich, daß ich neulich gelesen habe, daß ich nur ein halbes Kilo weniger wiege, als Goethe in meinem Alter gewogen hat.

FARKAS: Das wird dir beim Hirn fehlen.

WALDBRUNN: Ich bin nicht so dumm, wie du immer sagst – sonst könnte ich nicht so ein anspruchsvolles Hobby haben.

FARKAS: Was hast du für ein Hobby?

WALDBRUNN: Erfindungen. Ich habe eine Bremse für Autos erfunden – wenn du im Hundertkilometertempo fährst, kannst du mit einem Ruck stehenbleiben.

FARKAS: Das ist phantastisch! Wann übergibst du diese Erfindung der Öffentlichkeit?

WALDBRUNN: Bis ich etwas dazu erfunden habe, was verhindert, daß der Fahrer durch die Windschutzscheibe fliegt. Ich habe aber noch etwas erfunden. Tabletten, die den Durst löschen.

FARKAS: *Wozu* braucht man die?

WALDBRUNN: Auf Ausflügen … beim Kampieren … in der Wüste … du hast Durst … weit und breit gibt es kein Wasser … du nimmst eine Tablette … und der Durst ist weg!

FARKAS: Das ist wunderbar!

WALDBRUNN: Es hat nur einen Nachteil …

FARKAS: Was?

WALDBRUNN: Die Tabletten müssen in Wasser aufgelöst werden. – Ich habe noch etwas erfunden … ein Fleckputzmittel …

FARKAS: Fleckputzmittel gibt es genug.

WALDBRUNN: Ich habe aber ein Fleckputzmittel erfunden, das die Flecken wegputzt, die durch die Fleckputzmittel entstehen.

FARKAS: Das ist nicht schlecht.

WALDBRUNN (*unvermittelt, ohne Übergang*): Ich habe meine erste Frau an einem 24. Dezember geheiratet.

FARKAS: Fängst du schon wieder mit dem 24. Dezember an?

WALDBRUNN: Wann hast *du* geheiratet, o Karl?

FARKAS: Am 21. Juni.

WALDBRUNN: Ist das nicht der Tag mit der kürzesten Nacht?

FARKAS: Ja.

WALDBRUNN: Du bist ein Feigling. Wir haben eine Doppelhochzeit gemacht. Mein Freund und ich haben zwei Schwestern geheiratet … am selben Tag … zur selben Stunde … beide Paare haben die Hochzeitsreise zusammen gemacht … natürlich nach Venedig … beide sind wir im selben Hotel abgestiegen … als wir nach dem Abendessen, vor der Brautnacht, auf unsere Zimmer gehen wollen – plötzlich, im Korridor – Kurzschluß! Ich nehme meine Frau an der Hand … taste mich nach der Tür … meine Frau legt sich im Finstern ins Bett … ich habe noch gegurgelt … ich gurgle immer vor dem Schlafengehen … ich will mich eben ins Bett legen … auf einmal wird es hell – habe ich meine Schägerin im Zimmer und meine Frau war bei meinem Freund! Ich stürze sofort zu ihm – –

FARKAS (*gespannt*): Und –?

WALDBRUNN: Zu spät.

FARKAS: Wieso?

WALDBRUNN: Er hat nicht gegurgelt.

FARKAS: Ich werde dir etwas sagen, Ernst: falls wir wieder einmal eine Doppelconférence spielen sollten – wirst *du* der Gescheite sein.

WALDBRUNN (*erfreut*): Ja???

FARKAS: Ja. Eine Rolle muß man nämlich *spielen* – und den Blöden *kannst* du nicht spielen.

WALDBRUNN: Warum nicht, o Karl?

FARKAS: Weil du wirklich blöd bist!

WALDBRUNN: Ich freu mich!

Heimgefunden

FARKAS *(vor dem Vorhang)*: Gewiegte Simplbesucher werden sich noch der Zeiten erinnern, da ich an dieser Stelle des Programms vor den Vorhang trat und sagte: »Jetzt kommt die traditionelle Doppelconférence!«

Inzwischen hat sich ERNST WALDBRUNN, so komisch es klingen mag, der ernsten Kunst verschrieben. Er spielt am Theater in der Josefstadt Molière, Werfel, Curt Goetz – und so hatten wir WALDBRUNN verloren – und mit ihm die Doppelconférence, weil wir uns sagten, bevor wir uns einen anderen Blöden suchen, lieber gar nicht – denn so etwas Blödes wie den WALDBRUNN gibt es nicht mehr!

Und nun hat er heimgefunden! Nicht, um mich wieder zum Partner zu haben ... auch nicht wegen der Gage ... so hoch ist sie nicht – nein, nur weil er es satt hat, immer nur gescheite Dialoge sprechen zu müssen. Er möchte wieder einmal so richtig blöd sein! Ob er das nach all den Jahren noch imstande sein wird, weiß ich nicht – aber wir werden ja sehen. Er wird jetzt gleich da unten zur Tür hereinkommen und sagen – –

WALDBRUNN *(tritt strahlend ein)*: Servus, Karl!

FARKAS: Servus, Ernst!
WALDBRUNN: Ich bin so froh!
FARKAS: Warum?
WALDBRUNN: Weil ich wieder blöd sein darf! Wie lange haben wir Zeit?
FARKAS: 15 Minuten.
WALDBRUNN: Schön!! – Wer fängt an?
FARKAS: Du.
WALDBRUNN: Was soll ich sagen?
FARKAS: Etwas Blödes.
WALDBRUNN: Und die Leute werden lachen?
FARKAS: Hoffentlich.
WALDBRUNN: So wie früher?
FARKAS: Das wird sich zeigen.
WALDBRUNN: Wie lange haben wir Zeit?
FARKAS *(bereits etwas ungeduldig, schaut auf die Uhr)*: 14 Minuten und 49 Sekunden.
WALDBRUNN: Ich fang an?
FARKAS: Ja.
WALDBRUNN: Etwas Blödes?
FARKAS: Ja!!
WALDBRUNN *(glücklich)*: Schön!! – *(Lacht in der Vorfreude über den kommenden Scherz, faßt sich und sagt)* Heute war ich bei einer Schiffstaufe.
FARKAS: Was ist da Blödes daran?
WALDBRUNN: Wart ein bißl! Zuerst hat der Kapitän eine Rede gehalten – –
FARKAS: Und dann?
WALDBRUNN: – – hat die Taufpatin das Schiff mit einer Flasche Tinte getauft.

TINTE

FARKAS: Mit einer Flasche Tinte? Warum nicht mit einer Flasche Champagner?

WALDBRUNN: Es war ein Schulschiff. – Ich bin so froh! *Wie* lange haben wir Zeit?

FARKAS *(auf die Uhr schauend, gereizt)*: 14 Minuten und 20 Sekunden!

WALDBRUNN *(glücklich)*: Schön!! – Gehen wir weiter?

FARKAS: Gehen wir weiter.

WALDBRUNN: Frag mich was!

FARKAS: Was soll ich dich fragen?

WALDBRUNN: Etwas Blödes!

FARKAS: Was hast du heuer im Sommer gemacht?

WALDBRUNN *(freut sich)*: Das ist sehr blöd! *(Legt sich die Antwort zurecht)* Heuer im Sommer bin ich mit meinem Auto durch Österreich gefahren.

FARKAS: Du hast jetzt ein Auto?

WALDBRUNN: Einen Kleinwagen.

FARKAS: Wie bist du damit zufrieden?

WALDBRUNN: Es geht. Vorläufig zwickt er mich noch ein bißchen unter den Armen. – Ich bin so froh.

FARKAS: Wie viele Personen können da gemütlich drin sitzen?

WALDBRUNN: Gemütlich – keiner.

FARKAS: Warum hast du dir keinen größeren Wagen gekauft?

WALDBRUNN: Weil ich ihn von meinem Bruder übernommen habe. Ihm war er auch zu klein. Er – mein Bruder – hat ja zehn Kinder.

FARKAS: Zehn Kinder?!?

WALDBRUNN: Ja. Sein ehemaliger Lehrer sagt, so war er schon in der Schule. Fleißig – aber unaufmerksam.

Ich bin so froh! Er – mein Bruder – weiß schon nicht mehr, wo er die vielen Namen für seine Kinder hernehmen soll.

FARKAS: Soll er es doch machen wie meine Schwester.

WALDBRUNN: Deine Schwester? Wie macht es sie – deine Schwester?

FARKAS: Sie – meine Schwester – nennt ihre Kinder nach dem Alphabet. Das erste heißt Artur, das zweite Beate, das dritte Christian, das vierte Dora – –

WALDBRUNN (*kopfnickend*): Das ist (*plötzlich verneinend*) auch keine Lösung.

FARKAS: Warum nicht?

WALDBRUNN: Was macht sie – deine Schwester – wenn sie bei »Z« ist und Drillinge bekommt? Ich bin so froh! Wie lange haben wir Zeit?

FARKAS (*ärgerlich*): Wirst du mich jetzt dauernd fragen, wie lange wir Zeit haben?

WALDBRUNN: Nur noch einmal, o Karl! Ich möchte wissen, wie lange ich noch blöd sein darf!

FARKAS (*schaut auf die Uhr*): 13 Minuten und 35 Sekunden.

WALDBRUNN (*wie früher*): Schön!!! – Sag an, o Karl, besitzest du auch einen jener vierrädrigen Karren, wie jeder Mensch sie hat und die man Auto nennt?

FARKAS: Was ist das für eine Sprache?

WALDBRUNN: Schillerjahr.

FARKAS: Stimmt. (*Im selben Ton*) Ei freilich, Gevatter Ernst – auch ich selbander nenn ein solch Vehiculo mein eigen und – traun! – mir ist schon mies davor!

WALDBRUNN: Warum, o Karl? Was für ein Auto isset es?

FARKAS (*imitiert ihn ärgerlich*): Isset et! (*Normal*) Mein

Auto ist überhaupt kein Auto – mein Auto ist das Existenzminimum für meinen Mechaniker! Immer ist etwas anderes damit los.

WALDBRUNN: Vielleicht weißt du nicht zu chauffieren?

FARKAS: Ich chauffiere ja nicht. Meine Frau chauffiert.

WALDBRUNN: Und ist sie – deine Frau – eine gute Chauffeuse?

FARKAS: Eine herrliche Chauffeuse. Sooft sie losfährt, fahren drei Schrotthändler hinter ihr her.

WALDBRUNN: Ich bin so froh!

FARKAS: Ich bin nicht froh! Du mußt ihr einmal beim Parken zuschauen. Zuerst stoßt sie an den vorderen Wagen an, dann stoßt sie an den hinteren Wagen an – – neulich hat ein Polizist sie gefragt, ob sie nach dem Gehör parkt. – Wie chauffierst du?

WALDBRUNN: Erklecklich, Karl. Ich habe erst einen Unfall gehabt – und da hat es keine Verletzten gegeben. Obwohl mir auch das nichts ausgemacht hätte, denn wenn es welche gegeben hätte – ich habe ja einen Kurs für »Erste Hilfe« absolviert.

FARKAS: Du hast einen Kurs für Erste Hilfe absolviert?

WALDBRUNN: Ja. Und ich konnte meine Kenntnisse sogar schon einmal anwenden. Heuer im Winter. *(Schildert)* Glatteis – vor mir ein Mann mit einem Spazierstock – stürzt – bricht sich ein Bein – ich sofort hin – zerbreche ihn – –

FARKAS: Den Mann?

WALDBRUNN: Den Spazierstock. Reiße es in Fetzen –

FARKAS: Das Bein?

WALDBRUNN: Mein Hemd. Schiene ihn – verbinde ihn – und bringe ihn ins Krankenhaus. Der Primarius fragt, wer den Verunglückten so fachgerecht verbunden hat – ich sage: »Ich!« – der Primarius sagt: »Wunderbar! Nur leider – –«

FARKAS: Leider?

WALDBRUNN: Das falsche Bein! Ich bin so froh!

FARKAS: Sei nicht froh – erzähle lieber von deinem Autounfall.

WALDBRUNN: Es war eigentlich kein Unfall, o Karl. Ich wollte in die Seitengasse einbiegen und bin in eine Tabak-Trafik hineingefahren. Ich bin direkt vor dem Ladentisch stehengeblieben –

FARKAS: Und –?

WALDBRUNN: Ich habe nicht gewußt, was ich sagen soll, habe ich von dem Fräulein, das dort bedient hat, eine Schachtel Memphis verlangt.

FARKAS: Und was hat das Fräulein gesagt?

WALDBRUNN: Das Fräulein hat mir die Memphis gegeben und hat gesagt: »Feuer bekommen Sie hinten – Ihr Benzintank brennt!« Ich bin so froh.

FARKAS: Jetzt weiß ich, wie du mit deinem Wagen durch Österreich gefahren bist. Durch die Tabak-Trafiken durch!

WALDBRUNN: Ich bin ja nicht immer gefahren, ich wollte mich ja erholen. Ich habe auf einer Alm, auf einem Bauernhof, gewohnt.

FARKAS: Und wie war es?

WALDBRUNN: Sehr schön – bis auf die Verpflegung. Am ersten Tag sind drei Hühner hingeworden – habe ich zwei Tage Huhn bekommen. Dann ist eine Gans eingegangen – habe ich drei Tage Gans bekommen. Dann ist ein Kalb verendet – habe ich eine Woche Kälbernes bekommen. Dann ist die Großmutter krank geworden – bin ich fort!

FARKAS: Hast du Angst gehabt, daß du die Großmutter bekommst?

WALDBRUNN: Ja. Ich bin so froh!

FARKAS: Und wohin bist du dann?

WALDBRUNN: Dann bin ich in einen ganz kleinen Ort – idyllisch, Karl – an einem Wildbach gelegen – eine Ruhe – nur ein einziges Hotel, in dem ein paar Amerikaner gewohnt haben – ich habe privat logiert –

FARKAS: Da muß es doch furchtbar langweilig gewesen sein?

WALDBRUNN: Überhaupt nicht. Am Tag haben wir gebadet – –

FARKAS: Und am Abend?

WALDBRUNN: Am Abend sind wir in das Hotel gegangen und haben den Amerikanern essen zugehört. Ich bin so froh! Wie lange haben wir Zeit?

FARKAS *(schaut auf die Uhr)*: 10 Minuten und 35 Sekunden.

WALDBRUNN: Schön! Und dort habe ich sie kennengelernt.

FARKAS: Wen?

WALDBRUNN: Elke.

FARKAS: Elke? Was ist das für ein Name?

WALDBRUNN: Ein ostfriesischer. Sie ist aus St. Pölten. Ein Dekolleté hatte das Mädchen! Ich habe es nicht gekannt …

FARKAS: Das Dekolleté?

WALDBRUNN: Das Mädchen. Eines Sonntags fand im Hotel ein »Lustiger Abend« statt. Es war lustig, o Karl!

Fast hätten wir uns mit Koriandoli beworfen! Da habe ich es zum erstenmal gesehen.

FARKAS: Das Mädchen?

WALDBRUNN: Das Dekolleté. Ich sage dir, Karl – ein hungriger Säugling hätte seine Freude daran gehabt! Zwei solche – – (*deutet den Busen an*).

FARKAS (*unterbricht ihn, streng*): Genug!

WALDBRUNN: Übergenug! Ich habe immer hingeschaut – sie – eine Hantige war sie – sagt auf einmal zu mir: »Haben Sie nichts Besseres zu tun, als mir dauernd ins Dekolleté zu starren?« Ich – ein Causeur bin ich – sage: »Wenn ich ehrlich sein soll – nein!« Sie – eine Hantige war sie – sagt: »Dann werden Sie eine kriegen!« Ich – ein Causeur bin ich – frage: »Wer kriegt die andere?« Und so haben wir uns kennengelernt.

FARKAS: Du hast eine vornehme Art, Bekanntschaften zu schließen.

WALDBRUNN: Wir haben getanzt. Weißt du, o Karl, daß Tanzen gar nicht so schwer ist?

FARKAS: Natürlich weiß ich das. Man muß nur seine eigenen Füße wegziehen, bevor der andere die seinen draufstellt.

WALDBRUNN (*lacht*): Sehr gut, Karl! Das hat mir schon gefallen, wie ich es in »Readers Digest« gelesen habe!

FARKAS (*schnell, unangenehm berührt*): Erzähl weiter!

WALDBRUNN: Ich habe Elke zum Abendessen eingeladen … Bei einer Flasche Wein hat sie mir gestanden, daß sie mich liebt … Und du weißt, o Karl, im Wein liegt die Wahrheit.

FARKAS: Ja. Der Schwindel liegt in der Etikette. Was war weiter?

WALDBRUNN: Sie war schön, o Karl … *(plötzlich)* Ich habe ja ein Foto von ihr da … Ich bin auch drauf … *(Zieht ein Bild aus der Tasche und zeigt es Farkas).*

FARKAS *(belustigt)*: Das bist du? Was hast du da für einen komischen Hut auf?

WALDBRUNN: Den habe ich mir gekauft.

FARKAS: Warum hat der so eine schmale Krempe?

WALDBRUNN: Er hätte 200 Schilling kosten sollen, ich habe aber nur 180 bei mir gehabt – hat man mir ein Stück von der Krempe abgeschnitten. Aber was, mein Karl, sagst du zu Elke?

FARKAS: Ein bißchen schlank ist sie.

WALDBRUNN: Sie macht eine Abmagerungskur. Sie nimmt jeden Tag in der Taille einen Zentimeter ab.

FARKAS: Da wird sie doch bald keine Taille mehr haben?

WALDBRUNN: Das habe ich ihr auch gesagt. Darauf hat sie gesagt, das macht ihr nichts aus. Wenn sie keine Taille mehr hat, kann sie oben noch immer Fernsehsprecherin werden. Ich bin so froh! Bist du ein Fernseher, mein Karl?

FARKAS: Ja.

WALDBRUNN: Ich nicht. Ich höre wieder Radio, weil ich schlank werden will.

FARKAS: Vom Radiohören wird man schlank?

WALDBRUNN: Rapid.

FARKAS: Wer hat dir diesen Unsinn erzählt?

WALDBRUNN: In der Zeitung habe ich es gelesen. Da stand: »Seit das Fernsehen eingeführt wurde, haben die Radiohörer rapid abgenommen!«

FARKAS: So etwas Blödes!

WALDBRUNN: Wie lang haben wir noch Zeit?

FARKAS (*schaut auf die Uhr*): 9 Minuten und 40 Sekunden.

WALDBRUNN: Es drängt, es drängt! – Früher war ich ein leidenschaftlicher Fernseher. Ich habe sogar ein Buch geschrieben: »Wie baue ich mir einen Fernsehapparat?«

FARKAS: Du? Du hast doch keine Ahnung von Technik.

WALDBRUNN: Deshalb frage ich ja: »Wie baue ich mir einen Fernsehapparat!« Die Technik hat uns vieles geschenkt, o Karl! Sie hat uns gezeigt, wie man im Unterseeboot durch das Eismeer kommt, sie hat uns gezeigt, wie man in einer Rakete ins Weltall kommt – –

FARKAS: Sie soll uns zeigen, wie man beim Burgtheater über die Ringstraße kommt!

WALDBRUNN: Ich bin so froh!

FARKAS: Warum bist du immer froh?

WALDBRUNN: Weil ich wieder so blöd bin!

FARKAS: Erzähl weiter – was war mit Elke?

WALDBRUNN: Sie war schön!

FARKAS: Das hast du schon gesagt.

WALDBRUNN: Sie hat mir gestanden, daß sie mich liebt.

FARKAS: Das hast du auch schon gesagt.

WALDBRUNN: Sie hat es mir zweimal gesagt.

FARKAS: Und du?

WALDBRUNN: Ich habe sie eingeladen, mit mir eine Autofahrt im Mondschein zu machen. Wir sind in den Wald gefahren – es war herrlich, o Karl! Die Heimchen zirpten – von den Blättern duftete das Chloroform ...

FARKAS (*korrigiert*): Phyll.

WALDBRUNN: Viel Chloroform.

FARKAS: Chlorophyll heißt es – nicht Chloroform.

WALDBRUNN: Deshalb unterbrichst du mich? Was ist da schon für ein Unterschied zwischen Chlorophyll und Chloroform?

FARKAS: Derselbe wie zwischen Aspik und Pik-As. Aber erzähl weiter!

WALDBRUNN: Sie hat ein Dekolleté gehabt …

FARKAS *(ärgerlich)*: Hör schon mit dem Dekolleté auf! Als ob man ein weibliches Wesen nur nach seinem Dekolleté beurteilen dürfte! Worauf schaust du bei einer Frau zuerst?

WALDBRUNN: Das kommt darauf an, ob sie kommt oder geht.

FARKAS: Erzähl weiter! Was war im Wald?

WALDBRUNN: Ich habe gewartet, bis wir an einen romantischen Platz kommen – dort habe ich den Wagen angehalten und wollte sie küssen.

FARKAS: Und sie?

WALDBRUNN: Sie hat gesagt, sie hätte nichts dagegen, aber vorher müsse ich das Dach heruntergeben, damit uns der Mond bescheinen kann. Ich habe mich also an die Arbeit gemacht – nach drei Stunden war ich soweit –

FARKAS: Nach drei Stunden? Bei mir dauert das keine drei Minuten.

WALDBRUNN: Du hast ja auch keine Limousine.

FARKAS *(fassungslos)*: So etwas Dummes!

WALDBRUNN *(entschuldigend)*: Ich bin so froh!

FARKAS: Was war also dann?

WALDBRUNN: Nichts. Wir haben angefangen, uns aus

unserem Leben zu erzählen. Ich habe ihr erzählt, daß ich unter die Schriftsteller gegangen bin …

FARKAS: Stimmt! Ich habe gelesen, daß du ein Stück geschrieben hast. Ich bin schon neugierig auf dein Erstlingswerk.

WALDBRUNN: Das ist nicht mein Erstlingswerk. Mein Erstlingswerk hat man schon vor vielen Jahren in Troppau gespielt.

FARKAS: Und wie war es?

WALDBRUNN: Gigantisch! Du weißt doch, daß man nach der Premiere eines Stückes oft einen ganzen Akt ändern muß …

FARKAS: Ja.

WALDBRUNN: Ich mußte nur einen Satz ändern.

FARKAS: Und zwar?

WALDBRUNN: Am Schluß, wo stand »Vorhang fällt«, habe ich geschrieben »Eiserner Vorhang fällt«, weil die Leute Sachen auf die Bühne geworfen haben. Dabei war es so gut! Ich selbst habe einen betrogenen Ehemann gespielt. Meine Partnerin – eine ausgesprochene Sexbombe – hatte nur einen Büstenhalter und einen Schlüpfer an – ich schreie: »Nenne mir den Verbrecher, Elende – oder ich werfe dich den Hunden vor!«

FARKAS: Und was war?

WALDBRUNN: Sämtliche Männer im Parkett haben angefangen zu bellen.

FARKAS: Das muß unangenehm gewesen sein.

WALDBRUNN: Nicht so arg. Unangenehm ist, was mein Onkel Max immer gesagt hat. Mein Onkel Max hat immer gesagt: »Unangenehm ist, wenn man auf hoher

See ist, in jeder Hand einen Koffer hat – und kein Schiff unter den Füßen!«

FARKAS: Dein Onkel Max muß ein gescheiter Mann sein.

WALDBRUNN: Ein Genie! Umsonst hat er nicht von der amerikanischen Air Force einen Preis von 50.000 Dollar bekommen.

FARKAS: 50.000 Dollar? Wofür?

WALDBRUNN: Wie lang haben wir noch Zeit?

FARKAS *(schaut auf die Uhr, gespannt)*: 5 Minuten und 20 Sekunden.

WALDBRUNN: Dann kann ich es dir noch erzählen. Die amerikanische Air Force probierte ein neues Flugzeug aus, das mit einem Ruck 40.000 Meter in die Luft steigen sollte – sooft aber das Flugzeug eine Höhe von 20.000 Metern erreicht hatte, brachen beide Tragflächen ab.

FARKAS: Schrecklich! Da ist doch das Flugzeug abgestürzt?

WALDBRUNN: Ja. Dem Piloten ist nichts geschehen – der wurde herausgeschleudert von einem Kataplum –

FARKAS: Katapult.

WALDBRUNN: Pult – und hat mit einem Fallschirm den Boden erreicht.

FARKAS: Du sagst das so ruhig. Was geschieht, wenn so ein Fallschirm einmal nicht funktioniert?

WALDBRUNN: Macht es auch nichts – kann man ihn umtauschen. Aber das Flugzeug! So ein Flugzeug kostet mindestens 100 Millionen Dollar!

FARKAS: 100 Millionen Dollar? Gibt es keine billigeren?

WALDBRUNN: Billigere wird es geben, aber die werden nicht so schön verchromt sein und werden überhaupt ein bißchen ärmlich aussehen. Nachdem also acht von diesen Flugzeugen abgestürzt waren, ist er zu ihr hingegangen –

FARKAS: Wer zu wem?

WALDBRUNN: Mein Onkel Max zur Air Force – und hat gesagt: »Wenn Sie fürderhin wollen, daß Ihre Flugzeuge nicht mehr abstürzen sollen, müssen Sie die beiden Tragflächen an der Stelle, wo sie an dem Flugzeug angebracht sind, perforieren.«

FARKAS: Perforieren?

WALDBRUNN: Mit kleinen Löchern versehen.

FARKAS: Ich weiß, was perforieren heißt.

WALDBRUNN: Dann – so hat mein Onkel Max behauptet – werden die Tragflächen nicht mehr abbrechen. Er hat meinen Onkel zuerst dumm angeschaut – –

FARKAS: Wer?

WALDBRUNN: Der General von ihr.

FARKAS: Von wem?

WALDBRUNN: Von der Air Force! Du bist schwer von Begriff! Dann aber hat er sich gedacht: »Man kann es ja versuchen!« – und hat die Tragflächen dort, wo sie an dem Flugzeug angebracht sind, perforieren lassen.

FARKAS: Und?

WALDBRUNN: Das Flugzeug steigt auf – 5.000 Meter – 10.000 Meter – 20.000 Meter – 30.000 Meter – 40.000 Meter – nichts ist passiert! Nach dem ersten Flugzeug ein zweites, ein drittes, ein viertes – und so fort! Keine Tragfläche mehr abgebrochen! Mein Onkel Max aber hat 50.000 Dollar bekommen.

FARKAS: Wunderbar! Sag mir nur eines: wie ist dein Onkel auf die Idee mit dem Perforieren gekommen?

Waldbrunn: Ganz einfach. Hast du schon einmal Toilettepapier gesehen, das dort abreißt, wo es perforiert ist?

Farkas (*holt wütend mit der Hand aus*): Du!!!

Waldbrunn (*bittend*): Ich bin so froh! – Von ihm – meinem Onkel, dem Maxen – habe ich ja auch den Ring bekommen.

Farkas: Was für einen Ring?

Waldbrunn: Mit dem das Wunder geschehen ist.

Farkas: Das Wunder? Was für ein Wunder ist geschehen?

Waldbrunn: Wie lange haben wir noch Zeit?

Farkas: Gott sei Dank, nur noch zwei Minuten.

Waldbrunn: Schade! – Ich habe doch einmal auf der Jagd meinen Ring verloren.

Farkas: Auf der Jagd? Was jagst du?

Waldbrunn: Rebhühner. Mein Hobby. Da ziehe ich mir meinen Matrosenanzug an – –

Farkas: Warum den Matrosenanzug?

Waldbrunn: Damit die Rebhühner glauben, ich geh fischen – da lassen sie sich leichter treffen. Ich also – auf dem Anstand – zieh den Ring vom Finger, damit er mich nicht beim Schießen stört – lege ihn auf einen Baumstumpf – und warte. Endlich kommt ein Rebhuhn. Es muß nicht mehr ganz frisch gewesen sein, weil es sehr langsam geflogen ist. Das Rebhuhn kommt näher – ich ziele – schieße – daneben. Das Rebhuhn lacht – ich lade – das Rebhuhn fliegt ganz nahe zu mir her – schnappt den Ring, der auf dem Baumstumpf liegt – und weg war es.

Farkas: Und wo ist das Wunder?

Waldbrunn: Warte. Mir tat es natürlich sehr leid um den Ring – zweitens war er von meinem Onkel Max – und erstens habe ich im Versatzamt immer 1.000 Schilling drauf bekommen. Ein Jahr später – ich hatte die Geschichte schon vergessen – werde ich zu einem Rebhuhnessen eingeladen.

Farkas: Ich ahne etwas!

Waldbrunn: Ich bekomme ein Rebhuhn – schneide ein Stück davon ab – stecke selbes in den Mund – auf einmal beiße ich auf etwas Hartes – was, glaubst du, war es?

Farkas: Der Ring!

Waldbrunn: Ein Knochen.

Farkas: Wo ist da das Wunder?

Waldbrunn: Warte! Sieben Jahre später sitze ich in einem Restaurant. Ich bestelle Rebhuhn – das Rebhuhn kommt – ich schneide wieder ein Stück davon ab – stecke selbes wieder in den Mund – und beiße wieder auf etwas Hartes – und was, glaubst du, war es diesmal?

Farkas: Diesmal der Ring!

Waldbrunn: Ein Schrotkorn.

Farkas: Und was ist mit dem Ring?

Waldbrunn: Den dürfte ich endgültig verloren haben!

Olé!

FARKAS *(vor dem Vorhang)*: Aber heute, meine Damen und Herren! Heute gibt es wieder eine Doppelconférence! ERNST WALDBRUNN ist wieder da! Der Mann hat die halbe Welt bereist, er hat etwas gesehen, hat Erfolge gehabt – man kann von ihm wirklich nicht mehr verlangen, daß er den Blöden spielt. Trotzdem habe ich ihn dazu gekriegt – allerdings unter dem Versprechen, daß es das letzte Mal ist. Ich brauche deshalb heute nicht lange herumzureden – ich sage Ihnen kurz: ich bin der Gescheite – –

WALDBRUNN *(tritt ein)*: Und ich bin der Blöde! Olé, Carlos!

FARKAS: Was heißt »Olé, Carlos«?

WALDBRUNN: So sagt man in Südamerika.

FARKAS: Dann laß das sein – wir sind hier nicht in Südarmerika, sondern im Simpl.

WALDBRUNN: Olé, Simpl!

FARKAS: Du kannst doch jetzt nicht immer »olé« sagen! Fang an! Da unten sitzt das Publikum – –

WALDBRUNN: Olé, publico!

FARKAS: Halt uns nicht auf und sag was!

WALDBRUNN: Was soll ich sagen?

FARKAS: Etwas Blödes.

WALDBRUNN: Sag du etwas Gescheites.

FARKAS: Das kann ich nicht.
WALDBRUNN: Das hab ich mir gedacht.
FARKAS: Das kann ich nicht, weil wir ausgemacht haben, daß du beginnst!
WALDBRUNN: Das wohl, o Carlos! Wir haben aber ausgemacht, daß du mich etwas fragen wirst.
FARKAS: Also schön! Wo warst du heute nachmittag?
WALDBRUNN: In der Eisenhandlung. Ich habe ein Kilo Nägel gekauft.
FARKAS: Wozu brauchst du so viele Nägel?
WALDBRUNN: Wir haben einen Fakir zum Nachtmahl gehabt. Das ist das letzte Mal, Carlos, daß ich den Blöden spiele …
FARKAS: Ja. *(Setzt fort)* Wie kommst du zu einem Fakir?
WALDBRUNN: Der Verlobte meiner Schwester ist mit ihm befreundet.
FARKAS: Deine Schwester hat einen Verlobten?
WALDBRUNN: Ja. Einen gewissen Ambrosius Müller. Er ist Verkäufer in einem Schuhgeschäft. Das heißt – er war es. Bis gestern. Gestern hat ihn der Chef hinausgeworfen.
FARKAS: Aus welchem Grund?
WALDBRUNN: Aus gar keinem. Es kam eine dicke Dame in das Geschäft, die ein Paar Maßschuhe wollte – und die hat sich auf ihn gesetzt.
FARKAS: Auf den Ambrosius?
WALDBRUNN: Auf den Stuhl. Der Ambrosius ist vor ihr auf dem Hocker gesessen und hat es ihr genommen.
FARKAS: Was?
WALDBRUNN: Das Maß. Plötzlich – er hat eine Glatze.
FARKAS: Der Ambrosius?

WALDBRUNN: Ja. *(Setzt fort)* Plötzlich schaut die Dame hinunter – sieht die Glatze – glaubt, es ist ihr Knie – und gibt ihren Rock drüber!

FARKAS *(lachend)*: Schrecklich! Der arme Ambrosius!

WALDBRUNN: Ja. Zuerst hat er geglaubt, es ist Kurzschluß – –

FARKAS: Und dann?

WALDBRUNN Ist der Chef gekommen – hat ihn mit dem Kopf unter dem Rock der Kundschaft gesehen und hat ihn hinausgeworfen. – Das ist das letzte Mal, Carlos ...

FARKAS: Ja!!! Sag mir lieber, wo deine Schwester den Ambrosius kennengelernt hat.

WALDBRUNN: In Salzburg. Dort lernt man immer Leute kennen. Ich habe im letzten Frühjahr meine Heidemarie dort kennengelernt.

FARKAS: Heidemarie? Wer ist das?

WALDBRUNN: Mein Flirt aus Bonn.

FARKAS: Aus Bonn? Du hast einen Flirt aus Bonn gehabt?

WALDBRUNN: Mhm. Eine schöne Stadt – Bonn.

FARKAS: Eine sehr schöne Stadt.

WALDBRUNN: Beethoven wurde in Bonn geboren.

FARKAS: Das ist die letzte erfreuliche Nachricht, die von dort gekommen ist. Aber erzähl weiter.

WALDBRUNN: Es war am Veilchenfest. Ich habe es toll getrieben! Ich habe ihn getanzt – den Jitterburg – habe ihn gedreht – den Walzer – ich habe überhaupt keinen Tanz ausgelassen, bis auf einen – –

FARKAS: Welcher war das?

WALDBRUNN: Die Damenwahl. Plötzlich sehe ich ein

entzückendes Mädchen neben mir – in einem schwarzen Pullover aus echtem Kamelhaar – –

FARKAS: Woher hast du gewußt, daß es echtes Kamelhaar war?

WALDBRUNN (*den Busen andeutend*): Man hat noch die Höcker gesehen! Das letzte Mal, Carlos! Olé, publico!

FARKAS: Erzähl weiter!

WALDBRUNN: Wir haben getanzt – haben geflirtet – ich habe sie eingeladen, mit mir eine Spazierfahrt in meinem Auto zu machen – sie war begeistert von dem Wagen! Er ist aber auch ein herrlicher – olé, Carlos! Auf der einen Seite ist er blau – auf der andern rot – –

FARKAS: Auf der einen blau, auf der andern rot? Das kann doch nicht schön sein?!

WALDBRUNN: Schön ist es nicht, aber du solltest hören, wie sich bei einem Unfall die Zeugen widersprechen! – Mit einem Auto macht man immer Bekanntschaften.

FARKAS: Leider nicht immer so angenehme wie du. Als ich noch meinen Wagen hatte, lud ich auch einmal ein junges Mädchen zu einer Spazierfahrt ein. Das Mädchen kommt – bevor es einsteigt, sagt es: »Auf eines mache ich Sie gleich aufmerksam: ich gehöre nicht zu den Frauen, die sich im Auto küssen lassen! Wohin fahren wir jetzt?« Drauf habe ich gesagt: »Wohin *Sie* fahren, weiß ich nicht – *ich* fahre nach Hause!«

WALDBRUNN: Du bist kein Kavalier, Carlos. Schau *mich* an! Ich habe auf der Überfahrt auf dem Schiff eine Frau kennengelernt – eine Brasilianerin – –

FARKAS: Schwarz?

WALDBRUNN: Blond.

FARKAS: Heiß?

WALDBRUNN: Kühl.

FARKAS: Was war das für eine Brasilianerin?

WALDBRUNN: Eine naturalisierte. Sie war aus Bonn.

FARKAS: Auch aus Bonn? Bei dir sind alle Frauen aus Bonn …

WALDBRUNN: Ihr Mann war Geiger.

FARKAS: Gut?

WALDBRUNN: Was heißt »gut«! Der hat einmal den »Hummelflug« von Rimsky-Korsakoff so täuschend gespielt, daß man ihn mit DDT angespritzt hat. Ich habe der Frau hofiert … die Frau war von mir berauscht …

FARKAS: Die scheint nicht viel ertragen zu haben.

WALDBRUNN: Laß deine Einwürfe. Eines Abends waren wir allein am Deck – alles war im Saal – wir standen an der Reling – ich beuge mich über sie – –

FARKAS: Über die Reling?

WALDBRUNN: Über die Frau! Auf einmal kommt der Geiger und schreit: »Was machen Sie da mit meiner Frau, Sie Halbidiot?« Ich – du kennst mich – schreie zurück: »Warum sagen Sie ‚Halbidiot' zu mir?«

FARKAS: Wahrscheinlich wollte er dir nicht gleich die ganze Wahrheit sagen.

WALDBRUNN: Laß deine Einwürfe! Ich – du kennst mich – reibe auf – ich hätte den Geiger krumm- und lahmgeschlagen, wenn ich nicht abgehalten worden wäre.

FARKAS: Wer hat dich abgehalten?

WALDBRUNN: Der Geiger. Er sagt, daß er mir zwei Ohrfeigen geben wird – –

FARKAS: Und? Was war?
WALDBRUNN: Nichts. Er hat sie mir gegeben. Die Leute stürzen aus dem Saal ... ich – du kennst mich – sehe rot – ich warte –
FARKAS: Worauf?
WALDBRUNN: Bis es wieder grün wird. Ich packe den Geiger bei der Gurgel – beuge ihn über die Reling – plötzlich höre ich alle schreien: »Mann über Bord!« – und schau mich um – war's ich!
FARKAS: Was hast du gemacht?
WALDBRUNN: Ich schwimme – plötzlich kommt ein Boot – ich glaube, es sind die Matrosen vom Schiff – lasse mich hinaufziehen – waren es Wilde!
FARKAS: Schrecklich!
WALDBRUNN: Man bringt mich auf eine Insel – dort bekomme ich Lungenentzündung.
FARKAS: Wer hat dich behandelt?
WALDBRUNN: Der Medizinmann. Erst hat er eine Woche lang getrommelt – es ist nicht besser geworden. Dann ist er eine weitere Woche um mich herumgetanzt – auch keine Besserung. Endlich, nach vierzehn Tagen, höre ich, wie er dem Häuptling zuflüstert: »Jetzt sage ich noch ‚Chamalachaia' und ‚Chamalakika' – wenn das auch nichts nützt, gebe ich ihm Penicillin!« Das hat dann geholfen.
FARKAS: Dann bist du gegangen.
WALDBRUNN: Nein. Ich wurde zur Verlobung der Häuptlingstochter eingeteilt.
FARKAS: Als was?
WALDBRUNN: Als was! Als Hauptspeise! Es waren Kannibalen. Das Feuer hat schon gebrannt – ich stand

schon auf der Speisenkarte »Gedünsteter Waldbrunn mit Nockerln« – –

FARKAS: Und? Was hat dich gerettet?

WALDBRUNN: Die Verlobung ist zurückgegangen.

FARKAS: Jetzt warst du frei!

WALDBRUNN: Noch lange nicht. Ich habe jeden Tag heimlich eine Flaschenpost aufgegeben – nur meine Adresse – ohne Stöpsel – –

FARKAS: Warum ohne Stöpsel?

WALDBRUNN: Drucksache. – Es hat aber zwei Monate gedauert, bis mich ein Schiff gerettet hat. Aber es war ganz schön dort. Die Gegend … das Meer … Ich hätte dir gegönnt, dort zu baden. Du, im Schwimmhöschen, steigst ins Wasser – – –

FARKAS: Dort gibt es doch sicher Haifische?

WALDBRUNN: Gibt es nicht.

FARKAS: Wieso nicht?

WALDBRUNN: Es sind zu viele Krokodile dort.

FARKAS: Und dort soll ich baden? Im Schwimmhöschen?

WALDBRUNN: Du hättest sie verscheucht. Ich habe auch Aufnahmen dort gemacht.

FARKAS: Hast du sie bei dir?

WALDBRUNN: Zufällig. Da! *(Zieht einige Fotos aus der Tasche, zeigt Farkas eines davon und nimmt es ihm wieder weg)* Falsch!

FARKAS: Zeig her!

WALDBRUNN: Das gehört nicht dazu …

FARKAS: Das macht doch nichts …

WALDBRUNN: Das ist nicht von dort …

FARKAS: Ich darf doch auch andere Fotos sehen …

Gedünsteter
„Waldbrunn"
mit
Nockerln

WALDBRUNN: Schön – da hast du! (*Gibt ihm das Foto*) Das ist ein Foto von meinem Onkel.
FARKAS (*das Foto betrachtend*): Das ist also dein Onkel? Ist das nicht in Wien?
WALDBRUNN: Ja. Er steht vor einer Schule …
FARKAS: Erwartet er ein Kind?
WALDBRUNN: Nein, er ist immer so dick.
FARKAS: So etwas Vertrotteltes!
WALDBRUNN: Das letzte Mal, o Carlos!
FARKAS: Sonst hast du auf der Insel nichts gemacht – außer Fotos?
WALDBRUNN: O ja. Ich habe einen Roman geschrieben.
FARKAS: Du???
WALDBRUNN: Ja. »Im Urwald verloren.« Erstes Kapitel: »Don Alonso schwang sich auf sein Pferd und sagte: ›Vorwärts! – Vorwärts! – Vorwärts! – Vorwärts!‹« –
FARKAS: Wie lange noch »Vorwärts«?
WALDBRUNN: 16 Seiten lang.
FARKAS: Warum?
WALDBRUNN: Das Pferd will nicht laufen. Endlich springt es davon – über Steine – über Steine – über Steine – über Steine – wieder 16 Seiten lang.
FARKAS: Das ist doch unmöglich!
WALDBRUNN: Hast du eine Ahnung, wie viele Steine es in Südamerika gibt?
FARKAS: Wer soll das lesen?
WALDBRUNN: Wer will. Zum Beispiel du, o Carlos.
FARKAS: Ich nicht. Kennst du nicht das Sprichwort: »Sage mir, was du liest, und ich sage dir, was du bist?«
WALDBRUNN: O ja. Was liest du, o Carlos?
FARKAS: Spinoza, Kant, Schopenhauer …

WALDBRUNN: Du bist ein Lügner.

FARKAS: Deine Mutter muß sehr kinderliebend gewesen sein, sonst hätte sie so etwas wie dich gar nicht großgezogen!

WALDBRUNN: Meine Mutte hat *fünf* Kinder großgezogen. Drei Buben und zwei Mädels. Mein ältester Bruder hat einen Posten in einer Konservenfabrik. Jeden Morgen zieht er seinen schwarzen Anzug an – –

FARKAS: Wozu braucht er in einer Konservenfabrik einen schwarzen Anzug?

WALDBRUNN: Er drückt den Ölsardinen die Augen zu. Mein zweiter Bruder ist Maler – –

FARKAS: Was malt er?

WALDBRUNN: Herren und Damen.

FARKAS: Als Porträtist.

WALDBRUNN: Nein – Türmaler.

FARKAS: Du meinst Tiermaler.

WALDBRUNN: Türmaler. Auf die eine Tür malt er »Herren« – auf die andere »Damen«.

FARKAS: Und der zweite Bruder?

WALDBRUNN: Ist seit neun Jahren bei einem Arzt.

FARKAS: Als Assistent?

WALDBRUNN: Als Skelett.

FARKAS: Und was ist mit deinen Schwestern?

WALDBRUNN: Die eine ist verlobt – –

FARKAS: Das hast du mir schon erzählt.

WALDBRUNN: Mit dem Ambrosius.

FARKAS: Ich weiß!

WALDBRUNN: Er hat eine Glatze!

FARKAS (*wütend*): Du kannst doch jetzt nicht wieder von vorn anfangen!

Waldbrunn: Olé, publico!

Farkas: Schweig! Was ist mit deiner zweiten Schwester?

Waldbrunn: Die ist Sekretärin bei einem Geschäftsmann.

Farkas: Hat sie's dort gut?

Waldbrunn: Sehr gut. Ihr Chef ist ein richtiger Vater seiner Angestellten. Jeden Samstag macht er mit dem Personal einen Betriebsausflug … da wird gegessen und getrunken … dann geht es in ein Theater … dann in eine Bar … dann wird in seinem Haus übernachtet … das dauert oft bis zehn Uhr vormittags.

Farkas: Sehr schön. Wie viele Angestellte hat er?

Waldbrunn: Nur meine Schwester!

Farkas: So etwas Blödes!

Waldbrunn: Das letzte Mal! – Doch sprich, Carlos – wie viele der Geschwister besitzest du?

Farkas: Einen Bruder. Der ist Atomwissenschaftler. Er arbeitet bei Tag und Nacht.

Waldbrunn: Warum bei Tag und Nacht?

Farkas: Bei Tag macht er im Laboratorium Versuche, wie er eine *noch* stärkere Atombombe herstellen könnte –

Waldbrunn: Und bei Nacht?

Farkas: Betet er, daß es ihm nicht gelingen möge. Die Menschen wissen ja noch gar nicht, wohin diese Versuche führen können – sie wollen es nur nicht zugeben. Ich bin da anders. Ich sage mit Sokrates: »Ich weiß, daß ich nichts weiß!«

Waldbrunn: Das weiß ich schon lang. Aber es freut mich, daß dein Bruder so eine schöne Anstellung hat.

FARKAS: Gott sei Dank. Er war aber auch immer ein guter Sohn, was man nicht von allen Söhnen sagen kann. Die meisten Kinder sind undankbar.

WALDBRUNN: Die meisten, aber nicht alle. Es gibt auch dankbare Kinder. Ich kenne eine Mutter, die ihr ganzes Leben für andere Leute gewaschen hat, nur damit ihr Sohn studieren kann. Jetzt ist er Arzt – –

FARKAS: Und?

WALDBRUNN: Läßt nur bei ihr waschen! *(Ohne Übergang)* Brieftauben habe ich mir auch von drüben mitgebracht.

FARKAS: Brieftauben? Wozu?

WALDBRUNN: Hobby. Eine, o Carlos, ist eine Expreß-Brieftaube. Die fliegt 100 Kilometer in der Stunde! Neulich habe ich sie zu meiner Frau nach Hamburg geschickt – da hat sie die 900 Kilometer von Wien nach Hamburg in 15 Stunden gemacht.

FARKAS: Wieso nicht in neun Stunden?

WALDBRUNN: Sie hat sich München angesehen. Einen Hund habe ich auch. Er heißt »Lump«.

FARKAS: Warum gerade »Lump«?

WALDBRUNN: Weil es so unterhaltend ist. Wenn ich auf der Straße »Lump« rufe, zucken so viele Menschen zusammen!

FARKAS: Wo hältst du die vielen Tiere?

WALDBRUNN: In meinem Häuschen.

FARKAS: Du hast ein Häuschen?

WALDBRUNN: In Mödling. Mit Garten. Dort ist ja auch die Geschichte mit der Daisy passiert.

FARKAS: Wer ist die Daisy?

WALDBRUNN: Meine Katze.

FARKAS: Eine Katze hast du auch? Was ist mit der passiert?

WALDBRUNN: Eines Tages – ich fülle mir mein Feuerzeug – plötzlich springt die Katze auf den Tisch – schüttet das Benzin um – trinkt es aus – ich schau – die Katze schüttelt sich – springt auf das Fensterbrett – springt in den Garten – springt auf einen Baum – springt auf einen zweiten Baum – springt auf den ersten Baum zurück – springt wieder auf das Fensterbrett – springt auf den Tisch – springt auf den Kasten – bleibt regungslos stehen – –

FARKAS: Was war??

WALDBRUNN: *Das Benzin ist ihr ausgegangen!*

»Bitte sehr,
bitte gleich«

MULIAR *(vor dem Vorhang)*: Unser nächstes Bild zeigt Ihnen Wien bei Nacht. Sie kennen ja dieses erhebende Gefühl: man steht hoch oben auf dem Kahlenberg und blickt hinunter auf das strahlende Lichtermeer – auf den Stephansturm und auf die Donau – das Herz geht einem auf und das Auge geht einem über – und man fühlt, daß es nur *eine* Stadt gibt, in der man leben kann – und das ist – Paris!
Aber auch Wien hat seine Schönheiten. Wir führen Sie zunächst zu einem kleinen Würstelstand und zeigen Ihnen die Gestalten der Nacht. Sie wissen ja, wie es bei Nacht – –

WALDBRUNN *(als Ober, im Zuschauerraum, ziemlich laut zu einem Gast)*: Wünscht der Herr noch etwas zu trinken? Gumpoldskirchner, Kremser, Nußberger ...

MULIAR *(mit erhobener Stimme)*: Sie wissen ja, wie es bei Nacht – –

WALDBRUNN *(läßt sich nicht beirren)*: Oder vielleicht lieber einen Cocktail? Simpl-Spezial? Möcht ich Ihnen aber nicht raten.

MULIAR *(zu Waldbrunn)*: Sagen Sie, möchten Sie nicht etwas leiser reden? Die Herrschaften sind ja schließlich gekommen, um die Vorstellung zu sehen und nicht, um sich von Ihnen einen Cocktail anpreisen zu lassen.

WALDBRUNN: Ich hab ihn nicht angepriesen. *(Zu dem Gast)* Habe ich ihn angepriesen? Im Gegenteil! Ich habe gesagt, ich möchte Ihnen den Cocktail nicht raten.

MULIAR *(verärgert)*: Ja, ja, ist in Ordnung! *(Setzt fort)* Auch Wien hat seine Schönheiten …

WALDBRUNN *(zu einem Gast)*: Wenn Sie mir folgen, nehmen Sie den Nußberger. Der ist gut. Sie werden sagen, Sie haben schon einen besseren getrunken – aber nicht bei uns.

MULIAR: Sagen Sie, wollen Sie unbedingt die Vorstellung stören? Sie gehören ja, wie ich eben sehe, gar nicht zu diesem Tisch. Ich weiß genau, daß Ihr Rayon dort aufhört.

WALDBRUNN *(korrigiert)*: Aufgehört *hat!* Ich habe gestern mit meinem Kollegen, mit dem andern Ober, Karten gespielt, und da habe ich den Herrn gewonnen. *(Zu dem Gast)* Haben Sie keine Angst, Sie gehören mir! *(Auf einen andern Tisch deutend)* Die Dame hab ich vorgestern verloren. Schade!

MULIAR *(ignoriert ihn, beginnt noch einmal)*: Auch Wien hat seine Schönheiten – –

WALDBRUNN *(zu einem Gast)*: Er gehört *nicht* dazu.

MULIAR: Was ist das wieder für eine Frechheit?

WALDBRUNN: Ich habe nicht von Ihnen gesprochen. Der Herr hat mich gefragt, ob der Nußberger zum Entree gehört, und ich habe gesagt: Er gehört *nicht* dazu! Man wird doch einem Gast noch eine Antwort geben dürfen? Was glauben Sie, was für die Direktion wichtiger ist – die Vorstellung oder der Konsum? Ohne Konsum könnte die Direktorin niemals die Gagen bezahlen. Das heißt Ihre schon, aber die andern nicht.

MULIAR: Unterlassen Sie Ihre Bemerkungen, ich dulde es nicht, daß Sie meine Kollegen angreifen!

WALDBRUNN: Wer greift sie an? Wenn ich etwas angreife, höchstens die Kolleginnen. Und das auch nicht mehr, seit ich eine Kollegin von Ihnen geheiratet habe.

MULIAR: *Sie* haben eine Kollegin von mir geheiratet?

WALDBRUNN: Ja, hier vom Simpl. Vor zehn Jahren. Ich bin ja schon seit 15 Jahren hier engagiert. Meine Frau hat in den Sketchen immer die Stubenmädchen gespielt. Einen Sketch ohne Stubenmädchen gibt es ja nicht. So stier und so notig kann keiner sein, daß er im Sketch nicht ein Stubenmädchen hätte. Wenn man 15 Jahre im Kabarett arbeitet, fällt einem das auf. Im Leben ist es nämlich gar nicht so. Unser Direktor zum Beispiel – Sie wissen es ja – hat einen Wagen, der ist so lang – wenn er halten will, muß er einen vorüberfahrenden Motorradfahrer bitten, daß er es dem Chauffeur ausrichtet – –

MULIAR: So einen Wagen möchte *ich* mir leisten können.

WALDBRUNN: Er auch! Aber Stubenmädchen hat er keines. Aber hier? Ob der Sketch bei einem Generaldirektor oder bei einem Arbeitslosen gespielt hat – meine Frau war immer das Stubenmädel. Heute will sie mir einreden, daß sie ein Star geworden wäre.

MULIAR: Da wirft sie Ihnen dann allerhand vor. Wie gut es ihr ginge, was die andern Frauen alles haben …

WALDBRUNN: Genau. Gestern erst hat sie wieder damit angefangen.

MULIAR: Und was haben Sie gesagt?

Waldbrunn: Was ich gesagt habe? »Hast du nichts?« habe ich gesagt. »Du fährst jeden Sommer nach Pörtschach – du hast zwei Kinder …!« Wissen Sie, was Sie mir darauf geantwortet hat?

Muliar: Na?

Waldbrunn: »Wenn ich nicht nach Pörtschach gefahren wäre, hätte ich die auch nicht!« – Streiten Sie viel mit Ihrer Frau?

Muliar: Überhaupt nicht. Wenn sie recht hat, gebe ich nach. – –

Waldbrunn: Und wenn sie unrecht hat?

Muliar: Das kommt nicht vor. – Und Sie?

Waldbrunn: Ich lasse mir nichts gefallen. Wenn meine Frau und ich gegenteiliger Meinung sind, sage ich »Ruhe!« – und bin ruhig. Aber weil Sie sagen, ich greife die Künstler an – glauben Sie, daß wir Kellner keine Künstler sind? Sehen Sie nicht, was für eine Kunst es zum Beispiel ist, dem Herrn da eine Flasche Nußberger zu verkaufen?

Muliar: Hören Sie jetzt schon mit dem Nußberger auf, und stören Sie nicht länger!

Waldbrunn: Ich bin schon 15 Jahre da und habe noch nie gestört.

Muliar: Weil Sie das nur von Ihrer Perspektive aus sehen! Kommen Sie einmal aufs Podium und schauen Sie sich's von hier an!

Waldbrunn (*freudig erregt*): Ich soll aufs Podium kommen?

Muliar: Ja.

Waldbrunn: Wissen Sie, daß das schon immer mein sehnlichster Wunsch war?

MULIAR: Dann kommen Sie!

WALDBRUNN: Ich möchte den Herrschaften schon zeigen, wie man Kabarett machen! *(Ist aufs Podium gekommen)* Ich bin schon seit 15 Jahren da! Machen wir eine Doppelconférence?

MULIAR: Das nicht!

WALDBRUNN: Ich kenne alle. Von Grünbaum und Farkas angefangen bis Wondra und Zwickl!

MULIAR: Sie haben schon im letzten Programm gehört, daß es im Simpl keine Doppelconférence mehr gibt.

WALDBRUNN: Ich könnt aber einhaken.

MULIAR: Hier wird nicht eingehakt. Ich wollte Ihnen nur von hier aus zeigen, wie störend es ist, wenn sich jemand im Zuschauerraum unterhält.

WALDBRUNN: Es unterhält sich sowieso niemand. *(Zu einem Herrn)* Unterhalten Sie sich?

MULIAR: Ich meine, *laut* unterhält! Gehen Sie jetzt wieder hinunter und bedienen Sie weiter – aber leise.

WALDBRUNN: Mir gefällt's aber da! Wenn ich denke, was hier schon für Conférenciers gestanden sind! *Wirkliche* Conférenciers!

MULIAR: Was heißt wirkliche Conférenciers? Bin ich kein wirklicher Conférencier? Wo Hans Wiegel geschrieben hat: »Fritz Muliar hat sehr lustige Momente!«

WALDBRUNN: Lustige Momente haben Sie ja …

MULIAR: Aber?

WALDBRUNN: Langweilige Viertelstunden.

MULIAR: Eine Frechheit! Gefallen Ihnen vielleicht die Conférenciers, die nur Witze erzählen, besser als die andern?

Waldbrunn: Welche andern? Es erzählen doch alle nur Witze!

Muliar: Mir scheint, Sie wollen mir wirklich eine Doppelconférence heraushäkeln! Gehen Sie hinunter, und lassen Sie mich das nächste Bild ansagen! *(Zum Publikum)* Unser nächstes Bild heißt »Gestalten der Nacht«. Sie wissen ja, wie es bei Nacht in Wien aussieht. Vor einem Gasthaus liegt ein Betrunkener – –

Waldbrunn *(unterbricht)*: Kenn ich! Kenn ich!

Muliar: Was kennen Sie?

Waldbrunn: Den Witz! Den hat schon der Armin Berg erzählt! Hier im Simpl! *(Zu einem andern Ober)* Hab ich recht, Ferdinand?

Muliar: Sie machen mich fertig! *(Zum Publikum)* Ich erzähle weiter: Vor einem Gasthaus liegt ein Betrunkener – –

Waldbrunn *(unterbricht)*: Da kommt der Wirt und sagt …

Muliar *(versucht, ihn zu ignorieren)*: »Vor einer Stund hab ich Sie hinausgeworfen, und jetzt liegen Sie noch immer da? Gehn S' z'Haus!« Drauf sagt der Betrunkene: »Justament net!«

Waldbrunn *(setzt fort)*: »Die Leut sollen sehen, was bei Ihnen für ein Gesindel verkehrt!« Armin Berg! Da, im Simpl!

Muliar *(wütend)*: Jetzt habe ich genug! Glauben Sie, ich lasse mir von Ihnen meine Pointen wegnehmen?

Waldbrunn *(lacht)*: *Seine* Pointen! Wie das der Berg erzählt hat, haben Sie noch nicht einmal gewußt, was eine Pointe ist! Das heißt, Sie wissen es heute auch noch nicht!

Muliar *(versucht, weiter zu konferieren):* »Gestalten der Nacht!« Ein Betrunkener bemüht sich, mit seinem Schlüssel eine Gaslaterne aufzusperren. Kommt ein Polizist auf ihn zu und sagt: »Ich fürchte, da wird niemand zu Hause sein!« Sagt der Betrunkene – –

Waldbrunn *(setzt fort):* »Es *muß* wer z'Haus sein – es ist ja noch Licht oben!«

Muliar *(wütend):* Wenn Sie durchaus einen Dialog mit mir führen wollen, werde ich Ihnen ein Rätsel aufgeben. Was ist das: Es hat sechs Beine, drei Köpfe, fünf Augen und singt?

Waldbrunn: Ein Gesangsterzett.

Muliar: Ich habe doch gesagt fünf Augen!

Waldbrunn: Ich weiß! Einer von den dreien ist einäugig. Jetzt werde *ich* Ihnen ein Rätsel aufgeben! Was ist das: Es hat vier Beine, einen buschigen Schwanz, nährt sich von Hafer und sieht von vorne genauso wie von hinten?

Muliar *(nach kurzem Nachdenken):* Das weiß ich nicht.

Waldbrunn: Ein blindes Pferd.

Muliar: Jetzt hören Sie aber auf.

Waldbrunn: Hat der Franz Engel erzählt! Hier im Simpl!

Muliar: Es ist gut! Gehen Sie!

Waldbrunn *(bittend):* Mir gefällt es hier oben so gut! 15 Jahre habe ich mir das gewünscht!

Muliar: Gehen Sie!

Waldbrunn: Lassen Sie *mich* konferieren! Nur *ein* Bild!

Muliar: Was fällt Ihnen ein?

WALDBRUNN: Tun Sie mir den Gefallen! Gehen *Sie!*
MULIAR: Wie stellen Sie sich das vor?
WALDBRUNN *(immer liebenswürdig):* Sie gehen nicht?
MULIAR: Nein.
WALDBRUNN: Wirklich nicht?
MULIAR: Nein! Ich bin doch hier engagiert!
WALDBRUNN: Ich auch ...
MULIAR: Aber zum Servieren.
WALDBRUNN: Apropos servieren! *(Zieht einen Zettel hervor)* Ich kriege von Ihnen noch die zwei Kognaks von Samstag – und die Würstel von der Dame, von der Sie gesagt haben, Ihre Frau soll nichts wissen ...
MULIAR *(verlegen):* Einen Moment ... ich habe dringend in der Garderobe zu tun ... Ich bin gleich wieder da ... *(schnell ab).*
WALDBRUNN *(stolz, konferiert):* Es folgt das nächste Bild: »Gestalten der Nacht!«

Levkojen

Spielt in einem Wiener Vorstadtcafé. Tisch, Stühle, Kleiderständer, Zeitungen usw. usw.

REIS *(sitzt bei Aufgehen des Vorhangs bereits auf der Bühne. Er hat eine Tasse Kaffee vor sich stehen und ruft mißmutig)*: Josef! Josef!

JOSEF *(tritt auf)*: Bin schon da, Herr Reis …

REIS: Wie oft muß man Sie rufen, damit Sie kommen?

JOSEF: Wie oft haben Sie's probiert?

REIS: Viermal.

JOSEF: Das genügt.

REIS: Was ist das für ein Kaffee, den Sie mir da gebracht haben?

JOSEF: Ein Espresso.

REIS: *Das* ist ein Espresso?

JOSEF: Jawohl. Aus unserer elektrischen Kaffeemaschine.

REIS: Die muß für Schwachstrom sein.

JOSEF: Erlauben Sie, Herr Reis …

REIS: Nichts erlaub ich! Das Nußbeugel ist auch nicht zu genießen!

JOSEF: Ich werd's Ihnen umtauschen gegen ein Mohnbeugel.

REIS: Ich hab's doch angebissen …

JOSEF: Das macht nichts. Wir haben auch angebissene

Mohnbeugel. Werden Herr Reis heute eine Kartenpartie machen?

REIS: Nein. Ich habe Ihnen schon gestern erklärt, daß ich Ihre schmutzigen Karten nicht mehr anrühre. Schicken Sie sie in die Putzerei.

JOSEF: Das haben wir getan, Herr Reis – von dort hat man sie zurückgeschickt und hat gesagt, wir sollen lieber die Gäste schicken, die damit gespielt haben!

REIS *(außer sich)*: Das ist doch die größte Frechheit …

BRUMBIRL *(tritt a tempo ein)*: Guten Morgen, Herr Reis!

REIS *(freudig überrascht)*: Herr Brumbirl! Endlich ein Mensch! Setzen Sie sich zu mir!

BRUMBIRL: Danke! *(Setzt sich)*.

JOSEF: Was ist angenehm?

BRUMBIRL: Angenehm ist, wenn man keine Schulden hat.

JOSEF: Ich meine, was Sie nehmen werden …

BRUMBIRL: Einen Kaffee.

JOSEF: Mit Bananen?

BRUMBIRL: Wer trinkt einen Kaffee mit Bananen?

JOSEF: Gestern war einer da.

BRUMBIRL: Das muß doch ein Narr gewesen sein …

JOSEF: Ich weiß ja nicht, ob Sie nicht auch einer sind! *(Ab)*.

BRUMBIRL *(schaut ihm verwundert nach)*: Der Josef …

REIS: Lassen Sie ihn. Es steht nicht dafür, daß Sie sich seinetwegen aufregen. Wie gehen Ihre Geschäfte?

BRUMBIRL: Wie eine Strickerei.

REIS: Wieso?

BRUMBIRL: Eins glatt – zwei verkehrt. Ich war heute schon bei Ihnen, wollte Sie aber nicht stören, weil Sie grad auf der Schreibmaschine getippt haben.

REIS: Ich? Ich hab die Maschine heute noch nicht angerührt.
BRUMBIRL: Ich hab doch das Klappern gehört …
REIS: Das waren meine Zähne. Ein Herr vom Finanzamt hat meine Bücher geprüft. Was wollten Sie bei mir?
BRUMBIRL: Mein Chef hat mich geschickt. Er hat doch seinerzeit durch meine Vermittlung ein Auto bei Ihnen gekauft, und Sie haben ihm damals gesagt, daß Sie alle gebrochenen Teile ersetzen …
REIS: Ja. Was braucht er?
BRUMBIRL: Eine Nase, ein Schulterblatt und einen Vorderzahn. Er hat einen Unfall gehabt.
REIS: Wie ist ihm das passiert?
BRUMBIRL: Seine Frau hat chauffiert … streckte die rechte Hand zum Fenster hinaus … Der Herr, der hinter ihr fährt, glaubt, sie will rechts einbiegen … Sie wollt aber gar nicht einbiegen …
REIS: Warum hat sie dann die Hand hinausgestreckt?
BRUMBIRL: Damit der Nagellack trocknet.
REIS: Schrecklich!
BRUMBIRL: Mein Chef ist zwar versichert – –
REIS: Ein Glück!
BRUMBIRL: – – aber gegen Feuer und Einbruch. Was machen *Sie* immer, Herr Reis?
REIS: Ich werde bald meine Koffer packen. Ich fahre im Sommer, wie jedes Jahr, zu meiner Tochter nach London.
BRUMBIRL: Ist das eigentlich eine schöne Stadt?
REIS: London? Die schönste Stadt der Welt! In der Früh wachen Sie auf – hören Sie schon die Vögel husten. Was machen *Sie* heuer im Sommer?
BRUMBIRL: Ich? Eine Städtereise.

REIS: Eine Städtereise?

BRUMBIRL: Ja. Leopoldstadt – Josefstadt – Heiligenstadt.

JOSEF *(den Kaffee bringend, tritt auf)*: Da ist der Kaffee.

BRUMBIRL: Was gibt es denn für Torten?

JOSEF: Es gibt Nußtorten, Herr Brumbirl – Mokkatorten, Doboschtorten, Pischingtorten, Sachertorten – –

BRUMBIRL: Ich möcht eine Sachertorte.

JOSEF: Da müssen S' zum Sacher gehen.

BRUMBIRL: Sie haben doch grad g'sagt, es gibt Sachertorten?

JOSEF: Aber nicht bei uns! Sie haben mich g'fragt, was es für Torten gibt – drauf hab ich g'sagt, es gibt Nußtorten, Herr Brumbirl, Mokkatorten, Punschtorten, Doboschtorten, Pischingertorten und Sachertorten.

BRUMBIRL: Und welche davon gibt es bei Ihnen?

JOSEF: Gar keine! *(Ab)*

BRUMBIRL: *(schaut ihm wieder nach, verwundert)*: Der Josef …

REIS: Lassen Sie ihn – es steht nicht dafür, daß Sie sich seinetwegen aufregen. Was macht Ihre Frau?

BRUMBIRL: Die ist unter die Erfinder gegangen. Die hat eine äußerst zähe und widerstandsfähige Masse erfunden.

REIS: Hat sie lang daran herumexperimentiert?

BRUMBIRL: Überhaupt nicht. Palatschinken hat s' machen wollen.

REIS: Da war *ich* gescheit! Ich hab meine, bevor wir geheiratet haben, auf die Kochschule geschickt. Der Mensch kann nie genug lernen. Ich zum Beispiel habe jetzt erst einen Kurs für Erste Hilfe absolviert.

Brumbirl: Wunderbar! Da können Sie mir gleich 50 Schilling borgen!

Reis: Nicht *so* Erste Hilfe! Wenn jemand in Gefahr ist!

Brumbirl: Ich bin in Gefahr, gepfändet zu werden …

Reis: Sie sind mir doch noch die 100 Schilling vom vorigen Jahr schuldig.

Brumbirl: Ich hab aber gleich g'sagt, daß ich stottern werd …

Reis: Stottern ist gut! Sie haben doch die Sprach' verloren! Glauben Sie, daß ich mit meinem Geld herumspringen kann, wie ich will? Ich muß doch meiner Frau Rechnung legen.

Brumbirl: Ist sie eine Hantige?

Reis: Ja. Ich bin aber sehr glücklich mit ihr. Sie gebar mir einen Jungen – –

Brumbirl: Was hat s' g'macht?

Reis: Einen Jungen gebar sie mir.

Brumbirl: Was heißt das?

Reis *(gereizt)*: Was heißt das! Einen Buben hat sie mir geschenkt!

Brumbirl: »Gebar« heißt »geschenkt«?

Reis: Ja!

Brumbirl: Das hab i gar net g'wußt! *(Denkt nach, spricht dann ebenso geziert wie vorhin Reis)* Vorgestern hatte ich Geburtstag.

Reis: Und?

Brumbirl: Meine Schwiegermutter gebar mir einen Dackel.

Reis: So etwas Blödes! *Da* können Sie nicht »gebar« sagen! »Gebar« heißt doch nur in gewissem Sinne »geschenkt«!

Brumbirl: Ah so?
Reis (*wütend*): Ja!!
Brumbirl: Wie soll ich denn das wissen?
Reis: Sie brauchen es nicht zu wissen! Reden wir von etwas anderem! Wie gefällt es Ihnen in Ihrer neuen Wohnung?
Brumbirl: Waren Sie noch nicht bei uns?
Reis: Nein.
Brumbirl: Gebären Sie uns doch einmal das Vergnügen.
Reis: Sagen Sie, sind Sie von Beruf blöd oder sind Sie ein Amateurtrottel? *Da* müssen Sie »Schenken Sie uns das Vergnügen« sagen.
Brumbirl: Ah so?
Reis (*wütend*): Sagen Sie nicht immer »Ah so!« Das macht mich nervös!
Brumbirl: Ah so? Dann *schenken* Sie uns halt das Vergnügen. Obwohl es gar nicht so ein Vergnügen ist. Zwanzig Menschen in drei Räumen …
Reis: Wieso zwanzig?
Brumbirl: Die Handwerker wollen nicht weggehen, bevor sie nicht ihr Geld bekommen haben. Aber schön haben wir's schon! In der Küche habe ich meine Bienenzucht …
Reis: Sie haben eine Bienenzucht?
Brumbirl: Und was für eine! Ich bin sehr zufrieden mit meinen Bienlein.
Reis: Geben sie viel Honig?
Brumbirl: Das nicht, aber meine Schwiegermutter haben sie schon siebenmal gestochen.
Reis (*freudig erstaunt*): Ah so?

BRUMBIRL: Jetzt haben *Sie* »Ah so!« g'sagt!

REIS: Weil ich gar nicht gewußt hab, daß Ihre Schwiegermutter bei Ihnen wohnt …

BRUMBIRL (*mißmutig*): Und wie sie wohnt! Ich kann sie nicht leiden.

REIS: Das dürfen Sie nicht sagen, Herr Brumbirl. Wenn Ihre Schwiegermutter nicht wäre, hätten Sie doch Ihre Frau nicht.

BRUMBIRL: Deshalb *kann* ich sie ja nicht leiden. Dazu hat sie morgen Geburtstag, und ich weiß nicht, was ich ihr kaufen soll.

REIS: Kaufen Sie ihr etwas Elektrisches. Ein elektrisches Bügeleisen … einen elektrischen Herd …

BRUMBIRL: Einen elektrischen Stuhl … Warum muß es grad was Elektrisches sein?

REIS: Weil die Elektrizität im modernen Haushalt eine wichtige Rolle spielt.

BRUMBIRL: Ah so?

REIS: Stellen Sie sich unsere Wohnungen vor, wie die aussehen würden, wenn Edison nicht das elektrische Licht erfunden hätte.

BRUMBIRL: Finster.

REIS: Sehr finster sogar.

BRUMBIRL: Dabei würde uns das ganze elektrische Licht von dem Edison nichts nützen, wenn nicht ein anderer den Schalter erfunden hätte. Da hätten wir das Licht gehabt und hätten's nicht aufdrehen können.

REIS: Und so etwas verbraucht Sauerstoff! Ich glaube, daß Sie keine Ahnung von dem Wesen der Elektrizität haben.

BRUMBIRL: Wenn Sie das glauben, Herr Reis – sagen Sie's mir's!«

REIS: Die Elektrizität – –

BRUMBIRL: Sagen Sie's mir's!

REIS (*wütend*): Sagen Sie nicht immer: »Sagen Sie's mir's!« Das heißt: »Sagen Sie es mir!«

BRUMBIRL: Ah so?

REIS (*hält sich nervös den Kopf*): Sie sagen schon wieder »Ah so!« (*Zwingt sich zur Ruhe*) Ich werde Ihnen an einem einfachen Beispiel erklären, was Elektrizität ist.

BRUMBIRL: Sagen Sie's mir's …

REIS (*wieder in Wut kommend*): Sagen Sie's mir's! Sagen Sie's mir's!!!

BRUMBIRL: I weiß ja net! *Sie* sind ja der G'scheite! Sagen Sie's mir's es!

REIS (*wieder ruhiger*): Passen Sie auf: Waren Sie schon einmal mit einer Katz in einem finsteren Zimmer?

BRUMBIRL: Vor meiner Ehe.

REIS (*wütend, mit zusammengebissenen Zähnen*): Ich meine doch mit einer vierbeinigen!

BRUMBIRL: Ah, das schon! Warum? Sagen Sie's mir's es!

REIS: Nehmen wir an, Sie sind mit einer Katze in einem finsteren Zimmer und streichen ihr gegen das Fell. Was springt Ihnen ins Gesicht?

BRUMBIRL: Die Katz.

REIS (*wütend*): Der Funke springt Ihnen ins Gesicht! Der Funke!

BRUMBIRL: Und das hat der Edison erfunden?

REIS: Nein!!! Der Edison hat das Licht erfunden!!! Das Licht!!! Wenn Sie so lang wären, wie Sie blöd sind, müßten Sie auf einen Sessel steigen, wenn Sie sich am Kopf kratzen wollen! Sie sollten sich bilden! Sollten Vorträge besuchen! Heute ist einer in der Urania! Über die Anziehungskraft der Körper!

BRUMBIRL: Was ist das wieder Ordinäres?

REIS *(wütend)*: Das ist gar nichts Ordinäres! Wissen Sie nicht, daß ein Körper den andern anzieht, Sie Pferd? Wenn die Sonne zum Beispiel sechsmal so groß wäre wie die Erde, würde sie die Erde sechsmal so stark anziehen und die Erde würde sie sechsmal so stark abstoßen. Ein großer Körper zieht einen kleinen an – ein kleiner Körper stoßt einen großen ab!

BRUMBIRL: Ah so?

REIS: Ja!!

BRUMBIRL: Ich hab aber gestern am Stephansplatz einen kleinen Körper gesehen – der hat mich gar nicht abgestoßen …

REIS: Sagen Sie – an welcher Universität haben Sie studiert?

BRUMBIRL: An gar keiner. Was ich weiß, schulde ich meiner Mutter.

REIS: Dann schicken Sie ihr zwei Schilling fünfzig – sind Sie ihr nichts mehr schuldig.

BRUMBIRL: Sagen Sie's mir's, wenn ich etwas nicht verstehe! Und eigentlich wollte ich ja nur wissen, was ich meiner Schwiegermutter zum Geburtstag kaufen soll. Ich werde Sie aber nicht länger damit belästigen – mir ist schon etwas eingefallen. Ich kaufe ihr Nelken.

REIS: Nelken! Wer kauft seiner Schwiegermutter Nelken! Wenn man einer Schwiegermutter schon Blumen zum Geburtstag kauft, kauft man ihr ausgefallene Blumen … zum Beispiel Levkojen.

BRUMBIRL: Lev – was?

REIS: Levkojen!

BRUMBIRL: Das merk ich mir nicht.

REIS *(faßt Brumbirl in äußerster Wut bei einem Knopf seines Sakkos)*: Dann sagen Sie sich's vor! Levkojen! Levkojen! *(Reißt ihm den Knopf ab)*

BRUMBIRL: Jetzt haben Sie mir ein' Knopf abgerissen …

REIS: Entschuldigen Sie …

BRUMBIRL: Bitte, bitte. Aber wie merken *Sie* sich solche ausgefallenen Sachen?

REIS: Durch die Mnemotechnik. Ich denke an etwas anderes, und dabei fällt mir das Richtige ein.

BRUMBIRL: Das versteh ich nicht.

REIS: Nehmen wir zum Beispiel an, Sie wollen sich merken, daß Sie einen gewissen Schwarz anrufen sollen. Was machen Sie da?

BRUMBIRL: Ich schreib mir's auf.

REIS: Wenn Sie aber keinen Bleistift und kein Papier bei der Hand haben …

BRUMBIRL: Dann vergeß ich's.

REIS: Wenn Sie es aber nicht vergessen wollen – woran denken Sie da?

BRUMBIRL: Das weiß ich nicht.

REIS: An einen Urwald.

BRUMBIRL: Warum an einen Urwald?

REIS: Weil im Urwald Neger wohnen – die Neger sind schwarz – haben Sie schon den Schwarz.

BRUMBIRL: Das ist sehr gut!

REIS: Jetzt kommen wir zu Ihrer Schwiegermutter. Fangen wir ganz leicht an. Nehmen wir an, Sie wollen Ihrer Schwiegermutter eine Flasche Rheinwein kaufen und können sich das Wort nicht merken – was werden Sie tun?

BRUMBIRL: Ich kauf ihr einen Gumpoldskirchner.

REIS: Nein!! Sie werden an schmutziges Wasser denken! Bei dem Wort »schmutzig« wird Ihnen das Wort »rein« einfallen und bei Wasser – »Wein«!

BRUMBIRL: Das ist wahr.

REIS: Was werden Sie also Ihrer Schwiegermutter zum Geburtstag bringen?

BRUMBIRL: Schmutziges Wasser.

REIS: Nein!!!

BRUMBIRL: Rheinwein.

REIS (*wütend*): Nein!!! Levkojen werden Sie ihr bringen! Levkojen!! Levkojen!! Levkojen!! (*Hat ihm wieder einen Knopf abgedreht*)

BRUMBIRL: Schon wieder ein Knopf …

REIS: Lassen Sie die Knöpfe, die kann man später annähen! Trachten Sie vor allem einmal, sich die Silbe Lev zu merken! Wie merkt man sich Lev?

BRUMBIRL (*verschüchtert*): Na? Wie merkt man sich's?

REIS: Sie kennen doch den Schneider in meinem Haus – den mit den großen Zähnen. Was fällt Ihnen ein, wenn Sie an ihn denken?

BRUMBIRL: Daß er mir neulich gesagt hat, daß Sie ihm noch 500 Schilling schuldig sind.

REIS: Das ist nicht wichtig!

BRUMBIRL: Ihm schon.

REIS (*wütend*): Der Name ist wichtig! Der Name!! Wie

LEVKOJEN

heißt der Schneider? Wie heißt er??? *(Hat ihm wieder einen Knopf abgedreht)*

BRUMBIRL *(weinerlich)*: Wieder ein Knopf …

REIS: Na???

BRUMBIRL: Löw…

REIS: Sehr richtig! Löw – Lev – das ist nicht schwer! Da haben Sie schon die erste Silbe.

BRUMBIRL: Das ist wahr!

REIS: Die zweite Silbe »koy« merken Sie sich am besten, wenn Sie an einen »Boy« denken. Boy – koj – ist ein Kinderspiel.

BRUMBIRL: Eine Lächerlichkeit. Wie soll mir aber der Boy einfallen?

REIS: Da denken Sie am besten an einen Fahrstuhl. Fast in jedem Hotelfahrstuhl ist ein Boy.

BRUMBIRL: Stimmt.

REIS: Wie heißen also die Blumen?

BRUMBIRL: Lassen S' mich nachdenken … *(Ruft sich noch einmal alles ins Gedächtnis zurück, dann stolz)* Liftrosen.

REIS *(wütend)*: Wieso Liftrosen? Wieso Liftrosen? *(Dreht ihm wieder einen Knopf ab)*

BRUMBIRL *(weinend)*: Wieder ein Knopf …

REIS: Lassen Sie die dummen Knöpfe und sagen Sie mir, wie Sie auf Liftrosen kommen!!!

BRUMBIRL: Sie haben gesagt, ich soll an einen Boy denken, da wird mir der Lift einfallen – und der Schneider in meinem Haus heißt Rosen.

REIS *(außer sich)*: Ich habe nicht gesagt, der Schneider in *Ihrem* Haus – ich habe gesagt, der Schneider in *meinem* Haus!! Der Löw! Was fällt ihnen ein, wenn Sie an den Löw denken!

BRUMBIRL: Der Urwald. Im Urwald sind Löwen, die fressen die Neger, die Neger sind schwarz – ich muß den Schwarz anrufen! *(Will fort)*

REIS: Bleiben Sie!! Sie kennen doch gar keinen Schwarz!

BRUMBIRL: Warum soll ich ihn dann anrufen?

REIS: Sie sollen ihn ja gar nicht anrufen? Die Blumen sollen Sie sich merken! Deshalb sollen Sie an den Löw mit den großen Zähnen denken! Wie heißen also die Blumen?

BRUMBIRL: Löwenzähne.

REIS: Levkojen heißen sie! Levkojen!! *(Dreht ihm wieder einen Knopf ab)*

BRUMBIRL *(weint)*: Wieder ein Knopf ... Löw – Lev – das merk ich mir ...

REIS: Dann kommt »koj«! Wenn Sie zu dumm sind, sich statt »koy« Boy zu merken, denken Sie nicht mehr an den Boy, denken Sie an den Boyer! Das ist der Apotheker, bei dem Sie das Natron kaufen! Sie spielen doch immer mit seinem Hund! Denken Sie an den Hund!

BRUMBIRL: Wie soll mir aber der Hund einfallen?

REIS: Denken sie an ein anderes Tier, und Sie werden auf den Hund kommen! Denken Sie an die alte Gans, an der Sie sich einmal den Magen verdorben haben! Sie reden doch immer noch davon!

BRUMBIRL: Das ist eine gute Idee ...

REIS: Gott sei Dank! Was fällt Ihnen also ein, wenn Sie an die alte Gans denken?

BRUMBIRL: Meiner Schwiegermutter ihr Geburtstag.

Reis (*macht eine langsame drohende Bewegung, als ob er ihn erwürgen wollte*)

Brumbirl (*reißt selbst den letzten Knopf seines Sakkos ab und reicht ihn Reis*): Darf ich Ihnen etwas sagen?

Reis: Ja.

Brumbirl: Wenn Sie schon sehen, daß ich mir das Wort nicht merken kann, warum schreiben Sie's mir's nicht auf?

Reis: Gut. Ich werde Ihnen diktieren! Schreiben Sie: L… e… oder schreiben Sie lieber Umlaut a… f… oder v? Schreiben Sie w… ich werde Ihnen etwas sagen: Kaufen Sie Ihrer Schwiegermutter doch lieber Nelken!

Brumbirl: Nelken? Wer kauft einer Schwiegermutter Nelken?

Reis: Was denn wollen Sie ihr kaufen?

Brumbirl (*ganz selbstverständlich*): Levkojen!!

Beide (*schauen sich erstaunt an*)

(Black out. Vorhang)

Geldzirkulation

Spielt in einem kleinen Wiener Kaffeehaus. Tisch, Stühle, Kleiderständer usw.

LEUBUSCH *(sitzt bei Aufgehen des Vorhangs auf der Bühne und ruft ungeduldig)*: Josef! … Josef! … Eine Bedienung ist das!

JOSEF *(kommt)*: Bin schon da, Herr Leubusch …

LEUBUSCH: Schon da! Wissen Sie, wie oft ich Sie gerufen habe? Viermal!

JOSEF: Entschuldigen Sie, Herr Leubusch – ich hab's nur dreimal g'hört. Was darf ich Ihnen bringen?

LEUBUSCH: Ich wünsche einen Kaffee … schön braun, nicht zu licht, nicht zu dunkel – –

JOSEF *(will gehen)*

LEUBUSCH: Wo laufen Sie hin?

JOSEF: Zum Anstreicher – ein paar Farbmuster holen.

LEUBUSCH *(wütend)*: Frechheit! *(Setzt fort)* Ferner möchte ich eine Semmel – resch, aber nicht *zu* resch – und Zahnstocher.

JOSEF: Und die Zahnstocher in welchem Stil? Rokoko, Empire oder Biedermeier?

LEUBUSCH *(schreit)*: Gehen sie schon!

JOSEF: Werden Herr Leubusch heute nicht Domino spielen?

LEUBUSCH: Mit wem?

JOSEF: Mit dem Herrn Mittermeier. Er ist im Spielzimmer.

LEUBUSCH: Mit dem spiele ich nicht mehr – der ist mir zu kurzsichtig. Der hat vorgestern ein Stück Würfelzucker angesetzt und hat den Doppelblaß in den Kaffee geworfen.

STRANSKY *(tritt auf)*: Guten Tag …

LEUBUSCH *(freudig überrascht)*: Guten Tag, Herr Stransky! Setzen Sie sich zu mir!

JOSEF: Was wünschen Herr Stransky?

STRANSKY: Einen Kaffee ohne.

JOSEF: Wollen Sie einen Löffel?

STRANSKY: Natürlich. Ich kann doch nicht mit der Nase umrühren.

JOSEF: Dann sagen sie nicht »ohne«. *(Ab)*

STRANSKY *(ruhig zu Leubusch)*: Was sagen Sie zu dem Josef, Herr Leubusch?

LEUBUSCH: Das Kaffeehaus wird man sich abgewöhnen müssen. Wie geht es Ihnen, Herr Stransky?

STRANSKY: Gesundheitlich nicht gut. Morgen lasse ich mich untersuchen, bei dem Dr. Werner in Ihrem Haus.

LEUBUSCH: Der ist doch Doktor der Musik?

STRANSKY: Ich weiß es.

LEUBUSCH: Was wollen Sie dann bei ihm?

STRANSKY: Ich habe Singen im Ohr. Außerdem fühle ich mich furchtbar müde.

LEUBUSCH: Nehmen Sie Fichtennadelbäder.

STRANSKY: Das sticht zuviel.

LEUBUSCH: Dann gehen Sie zum Dr. Jellinek.

STRANSKY: Der ist mir zu teuer.

Leubusch: Zu teuer? Wissen Sie, was der Spesen gehabt hat, bis er überhaupt Arzt geworden ist?

Stransky: Natürlich *weiß* ich das, aber die kann er doch nicht alle von *einem* Patienten zurückhaben wollen. Auch verschreibt er mir zu moderne Mittel. Da muß einer schon sehr gesund sein, daß er die aushält. – Was macht die Familie? Ist das Fräulein Tochter schon verlobt?

Leubusch: Leider noch nicht. So ein hübsches Mädel ... mir aus dem Gesicht wie herausgerissen und findet keinen Mann. Neulich habe ich ihr Bild an den »Klub der Einsamen« geschickt ... ich habe mir gedacht, vielleicht interessiert sich dort einer für sie ...

Stransky: Und? Was haben die geantwortet?

Leubusch: *So* einsam sind sie nicht. – Wie geht es der Frau Gemahlin?

Stransky: Fragen Sie nicht! Bevor wir geheiratet haben, habe ich ihr einmal gesagt, daß sie schöne Zähne hat – seitdem macht sie den Mund nicht mehr zu. Und Geld gibt sie aus! Jetzt will sie sich wieder eine elektrische Geschirrspülmaschine kaufen.

Leubusch: Seien Sie froh! Meine glaubt, sie hat eine geheiratet!

Josef *(kommt mit zwei Tassen Kaffee)*: Da ist der Kaffee! Haben die Herren noch einen Wunsch?

Stransky: Bringen Sie mir eine Semmel – aber eine braune.

Josef: Leider – wie haben nur platinblonde. *(Ab)*

Stransky *(immer verwunderter)*: Was sagen Sie zu dem Josef?

Leubusch: Das Kaffeehaus wird man sich abgewöhnen müssen!

Stransky: Ich habe Sie sowieso lange nicht hier gesehen.

Leubusch: Drei Wochen. Ich war in Rom.

Stransky: Nicht möglich …

Leubusch: Da haben Sie ein Foto von dort. *(Nimmt ein Foto aus der Tasche)* Da stehe ich neben dem Apoll von Belvedere. Das links ist der Apoll.

Stransky: Das hätten Sie mir gar nicht erst sagen müssen. *(Bewundernd)* Sie in Rom! Können Sie Italienisch?

Leubusch: Si, signore. Italienisch ist gar nicht schwer. »Giorno« heißt »Tag«, »notte« heißt »Nacht« – und mit den andern Worten ist es dasselbe. Außerdem kennt jeder ein paar Brocken Italienisch. Sie bestimmt auch. Was heißt zum Beispiel »casa piccola«?

Stransky: »Wenig Geld.«

Leubusch: »Kleines Haus!«. Wie kommen Sie auf »wenig Geld«?

Stransky: Ich habe geglaubt, weil Sie gesagt haben »Kassa«.

Leubusch *(weich aussprechend)*: »Casa!« Das heißt Haus. Aber was anderes. Was heißt »tutti avanti«?

Stransky: Das weiß ich: »Brust heraus!«

Leubusch *(wütend)*: Nein!! »Alles voran!«

Stransky: Ich hab geglaubt, weil Sie gesagt haben Tu– –

Leubusch *(unterbricht ihn schnell)*: Ich weiß! Aber auch wenn Sie nicht Italienisch können, würde ich Ihnen wünschen, einmal nach Rom zu fahren. Dort herrscht ein Leben! Eine Elegance! Eine Geldzirkulation!

STRANSKY: Eine – was?

LEUBUSCH: Eine Geldzirkulation.

STRANSKY: Was ist das?

LEUBUSCH: Sie wissen nicht, was Geldzirkulation ist?

STRANSKY: Nein …

LEUBUSCH (*versucht zu erklären*): Das Geld zirkuliert … es geht von einem zum andern … es macht einen Kreislauf …

STRANSKY: Da muß *ich* eine Kreislaufstörung haben! Zu mir kommt es nicht.

LEUBUSCH: Sie und Ihr Geld zählen doch da nicht. Ich spreche doch von wirklichem Geld. Von Kapital und Arbeit.

STRANSKY: Was ist da eigentlich für ein Unterschied?

LEUBUSCH: Das kann ich Ihnen sagen. Wenn ich Ihnen 100 Schilling borge, ist das ein Kapital – wenn ich sie wieder zurückhaben will, ist es eine Arbeit. Aber das meine ich jetzt nicht. Nehmen Sie an, Sie wären ein italienischer Großindustrieller und erzeugen – sagen wir – Fieberthermometer.

STRANSKY: Warum grad Fieberthermometer?

LEUBUSCH: Es ist mir so eingefallen.

STRANSKY: Hätte Ihnen nicht etwas Besseres einfallen können? Was kann man an Fieberthermometern schon verdienen?

LEUBUSCH: In der heutigen Zeit, wo niemand krank sein will, ein Vermögen. Sie haben, Ihrer Stellung entsprechend, natürlich auch einen Sekretär – –

STRANSKY: Wozu?

LEUBUSCH: Weil Sie eine Hilfe brauchen.

STRANSKY: Aha!

LEUBUSCH *(fortsetzend):* Und bezahlen ihm in unserer Währung 8000 Schilling im Monat.

STRANSKY: Das ist mir zuviel.

LEUBUSCH: Warum?

STRANSKY: Weil ich bei solchen Gehältern in Konkurs gehen muß! So viel Fieber können die Italiener gar nicht haben, daß ich das hereinkriege!

LEUBUSCH: Dann zahlen Sie ihm 7000 Schilling!

STRANSKY: Sechs – und keinen Groschen mehr!

LEUBUSCH *(gereizt):* Gut – sechs! Das ist ein Einkommen, das es dem Mann ermöglicht, seiner Frau zum Geburtstag ein Geschenk zu kaufen. Er geht also zum Juwelier und kauft ihr einen Stein.

STRANSKY: Für *mein* Geld.

LEUBUSCH: *Ihr* Geld ist ja bereits *sein* Geld! Das Geld hat ja schon begonnen zu zirkulieren. Denn der Juwelier braucht einen Anzug und geht zum Schneider – der Schneider braucht ein Paar Schuhe und geht zum Schuhmacher – und der Schuhmacher braucht ein Schloß und geht zum Schlosser. Der Schlosser wieder braucht ein Bett und geht zum – –

STRANSKY *(fällt ein):* Zum Bettler – –

LEUBUSCH: Zum Tischler! Der Tischler aber erkältet sich *(triumphierend)* und –?

STRANSKY: Kriegt einen Schnupfen.

LEUBUSCH: Richtig! Und was macht man, wenn man einen Schnupfen hat.

STRANSKY: Man niest.

LEUBUSCH: Nein!!!

50.-

STRANSKY: Also *ich* niese immer.
LEUBUSCH: Man kauft sich –?
STRANSKY: Einen Glühwein.
LEUBUSCH: Ein Fieberthermometer! Dieses Fieberthermometer aber erzeugen *Sie* – und so kommt das Geld, das Sie Ihrem Sekretär gegeben haben, wieder zu Ihnen zurück.
STRANSKY: Das ist ein schönes Verlustgeschäft.
LEUBUSCH: Wieso?
STRANSKY: Na hören Sie?! Ich bezahle meinem Sekretär 6000 Schilling, und der Tischler kauft sich ein Fieberthermometer? Was kann so ein lumpiges Fieberthermometer schon kosten? Außerdem, was mache ich, wenn der Tischler *kein* Fieber bekommt? Wenn das ein gesunder Tischler ist?
LEUBUSCH: Wenn Sie eine Frau wären und so schön wären, wie Sie dumm sind, wäre die Brigitte Bardot eine Mißgeburt gegen Sie! Ich wollte Ihnen doch nur erklären, daß in Italien das Geld den Besitzer wechselt.
STRANSKY: Und in Österreich nicht?
LEUBUSCH: Nein. In Österreich wechselt höchstens der Besitzer das Geld.
JOSEF *(kommt):* Darf ich kassieren? Ich werde abgelöst! Da fällt mir grad ein, Herr Stransky, ich krieg noch 100 Schilling von Ihnen.
STRANSKY: Ich weiß es, Josef, aber heute habe ich sie leider nicht. Ich habe nur 50.
JOSEF *(deutet auf einen Fünfzigschillingschein, den Stransky in der oberen Seitentasche hat):* Dann geben Sie mir einstweilen den! *(Nimmt den Schein und*

steckt ihn in seine eigene obere Seitentasche) Krieg ich noch 50.

STRANSKY: Ja.

LEUBUSCH *(zu Josef)*: Sagen Sie einmal, Josef – Sie haben mir doch neulich auf 1000 Schilling nicht zurückgeben können und sind mir 100 Schilling schuldig geblieben.

JOSEF: Ja. Aber heute habe ich sie leider nicht.

LEUBUSCH: Das macht nichts. Geben Sie mir einstweilen die 50 Schilling, die Ihnen der Herr Stransky gegeben hat. *(Nimmt den Schein aus Josefs Tasche und steckt ihn in seine obere Seitentasche)* Krieg ich noch 50.

JOSEF: Ja.

STRANSKY *(zu Leubusch)*: Sagen Sie einmal, Herr Leubusch – Sie sind mir doch von der letzten Dominopartie noch 100 Schilling schuldig.

LEUBUSCH: Ja. Aber heute habe ich sie leider nicht.

STRANSKY: Das macht nichts. Geben Sie mir einstweilen die 50 Schilling, die Ihnen der Josef gegeben hat. *(Nimmt den Schein und steckt ihn wieder in seine obere Seitentasche)* Krieg ich noch 50.

LEUBUSCH: Ja.

STRANSKY *(zu Josef)*: Sagen Sie einmal, Josef – ich bin Ihnen doch eben jetzt 50 Schilling schuldig geblieben?

JOSEF: Ja.

STRANSKY: Da haben Sie sie! *(Gibt Josef die 50 Schilling)* Sind wir quitt.

JOSEF *(überrascht)*: Ja. *(Im selben Ton wie Stransky, zu Leubusch)* Sagen Sie einmal, Herr Leubusch – ich bin

Ihnen doch eben jetzt 50 Schilling schuldig geblieben?

LEUBUSCH: Ja …

JOSEF: Da haben Sie sie. *(Gibt ihm den Schein)* Sind wir quitt.

LEUBUSCH *(verwundert)*: Ja. *(Im selben Ton zu Stransky)* Sagen Sie einmal, Herr Stransky – ich bin Ihnen doch eben jetzt 50 Schilling schuldig geblieben?

STRANSKY *(hat alles erstaunt verfolgt)*: Ja.

LEUBUSCH: Da haben Sie sie. *(Gibt ihm den Schein)* Sind wir quitt.

STRANSKY *(erstaunt)*: Ja. Und ich habe wieder meine 50 Schilling …

LEUBUSCH: Wer ist jetzt wem was schuldig?

JOSEF: Keiner – keinem.

STRANSKY: Sehen Sie, meine Herren – *so zirkuliert das Geld in Österreich!!*

(Black out. Vorhang)

Statistiker

Spielt in einem kleinen Wiener Kaffeehaus. Tische, Stühle usw. Bei Aufgehen des Vorhangs sitzt LEUBUSCH bereits an einem der Tische.

LEUBUSCH *(ruft ungeduldig)*: Josef! Josef!

JOSEF *(Kellner, kommt)*: Was ist denn, Herr Leubusch? Warum schreien Sie denn so?

LEUBUSCH: Werde ich es noch erleben, daß der Kaffee kommt?

JOSEF: Ich glaub schon, Herr Leubusch! Sie sind ja noch im besten Alter.

LEUBUSCH: Dann bringen Sie mir eine Semmel dazu – aber eine goldgelbe!

JOSEF: Goldgelbe habe ich leider keine mehr – nur eine aschblonde und eine platinfarbene.

LEUBUSCH: So etwas von einer Bude …

JOSEF: Beleidigen Sie unser Lokal nicht, Herr Leubusch – seien Sie froh, daß es noch so etwas gibt.

LEUBUSCH: Froh sein soll ich? Haben Sie gesehen, wie klein das Ei war, das ich gestern abend bekommen habe?

JOSEF: Unsere Hühner legen nicht größer, Herr Leubusch …

LEUBUSCH: Warum nicht? Tragen eure Hühner Mieder? *(Das Thema wechselnd)* Bringen Sie mir den Kaffee, *ohne* Semmel. Es ist schon spät, und ich bin heute noch beim Herrn Stransky zum Abendessen eingeladen. *(Schaut auf die Armbanduhr)* Ich weiß gar nicht, wo er bleibt. Er wollte mich von hier abholen.

STRANSKY *(tritt ein)*: Guten Abend!

LEUBUSCH: Guten Abend, Herr Stransky! Wo waren Sie so lang?

STRANSKY: Beim Arzt. Ich habe einen derartigen Schnupfen –! Meine Nase ist wie ein Erfolgsfilm. Die läuft schon die fünfte Woche.

LEUBUSCH: Was hat der Arzt gesagt?

STRANSKY: Ich soll mich vor Nässe hüten.

LEUBUSCH: Das können Sie doch.

STRANSKY: Natürlich kann ich. Aber wissen Sie, wie langweilig es ist, in der leeren Badewanne zu sitzen und mit dem Staubsauger auf und ab zu fahren?

JOSEF: Was werden Sie nehmen, Herr Stransky?

STRANSKY: Bringen Sie mir einen Kaffee – und rufen Sie meine Frau an. Sagen Sie ihr, daß das Kleid für heute abend in einer Stunde geliefert wird. *(Zu Leubusch)* Das ist jetzt schon das dritte Kleid, das sie umtauscht, weil es ihr nicht gefällt. Sie möchte sich in etwas Fließendem sehen.

JOSEF: Da würde ich Ihrer Frau Gemahlin die Donau empfehlen! *(Ab)*

LEUBUSCH *(springt auf)*: Eine Frechheit!

STRANSKY: Regen Sie sich nicht auf, es ist doch *meine* Frau …

LEUBUSCH: Da haben Sie recht. *(Setzt sich wieder)* Ich freue mich schon auf die Einladung bei Ihnen. Was wird es geben?

STRANSKY: Rehrücken mit Preiselbeeren.

LEUBUSCH: Meine Lieblingsspeise! Aber Abendkleid und so weiter? Was ist los?

STRANSKY: Meine Schwester feiert Verlobung.

LEUBUSCH *(überrascht)*: Mit wem?

STRANSKY: Mit einem sehr netten jungen Mann. Er ist Kosmetiker. Er erzeugt eine Creme, mit der alle Falten weggehen. Wissen Sie, wie die sich verkauft?

LEUBUSCH: Und gehen wirklich alle Falten weg?

STRANSKY: Garantiert. Gestern hat einer seine Wellblechgarage damit geglättet.

JOSEF *(bringt zwei Tassen mit Kaffee)*: Da ist der Kaffee! *(Stellt die Tassen auf den Tisch und beugt dabei den Kopf tief herunter)*

LEUBUSCH *(fährt zurück)*: Huh, haben Sie eine Fahne! Haben Sie schon wieder getrunken?

JOSEF: Ich trinke nie.

LEUBUSCH: Dann schauen Sie sich doch einmal in den Spiegel. Sie haben doch ganz rote Augen.

JOSEF: Das ist noch lang kein Beweis, daß ich trinke. Ich kann ja ein Kaninchen sein! *(Ab)*

LEUBUSCH *(verärgert zu Stransky)*: Was sagen Sie zu dem Josef?

STRANSKY: Lassen Sie ihn.

LEUBUSCH: Sie haben recht. *(Nimmt das frühere Thema wieder auf)* Die Verlobung Ihrer Schwester freut mich. Ich kann es kaum erwarten, den Rehrücken zu sehen! *(Hastig korrigierend)* Ich meine – Ihre Schwester zu sehen! Meine Tochter wird ja jetzt auch bald soweit sein.

STRANSKY: Ihre Tochter?

LEUBUSCH: Feiert demnächst Verlobung.
STRANSKY: Mit wem?
LEUBUSCH: Mit einem Statistiker.
STRANSKY: Wie schreibt man das?
LEUBUSCH (*gereizt*): Wie schreibt man das! Haben Sie keinen Duden zu Hause?
STRANSKY: Was ist das?
LEUBUSCH: Ein Buch.
STRANSKY: Bei Büchern warte ich immer, bis sie verfilmt werden.
LEUBUSCH (*immer gereizter*): Der Duden ist doch ein Rechtschreibbuch!
STRANSKY: Dann habe ich es nicht zu Hause. Aber erzählen Sie weiter. *Was* ist der Verlobte Ihrer Tochter?
LEUBUSCH: Ein Statistiker! Wissen Sie denn nicht, was das ist?
STRANSKY: Natürlich weiß ich es. Ein Statistiker ist einer, der auf der Bühne steht und nichts spricht.
LEUBUSCH: In Ihrer Nähe läuft man auch nicht Gefahr, von einem Geistesblitz getroffen zu werden! (*Erklärt*) Was *Sie* meinen, ist ein Statist! Ein Statistiker ist einer, der zum Beispiel ausrechnet, wie viele Liter Wein in Grinzing getrunken werden, während ein Schnellzug von Wien nach Düsseldorf fährt.
STRANSKY: Und so einem geben Sie Ihre Tochter zur Frau?
LEUBUSCH: Warum nicht?
STRANSKY: Davon kann man doch nicht leben.
LEUBUSCH: Das glauben *Sie!* Die Statistik hat nachgewiesen, daß die Geschäfte von Jahr zu Jahr besser gehen – besonders für die Leute, die sich mit Statistik

befassen. Mein Schwiegersohn bekommt 8000 Schilling im Monat, damit er ausrechnet, was einer zu tun hat, der nur 2000 bekommt. Die Statistik ist eine Wissenschaft! Die Statistik ist, wie mir mein Schwiegersohn gesagt hat – *(bemüht sich, das Gehörte zu wiederholen)* –, die systematische Massenbeobachtung, das Zählen nach bestimmten Gesichtspunkten, mit dem Zweck der Aufdeckung charakteristischer Erscheinungen in der Mannigfaltigkeit der Masse. Haben Sie mich verstanden?

STRANSKY *(während er bejahend mit dem Kopf nickt):* Nein.

LEUBUSCH: Mein Schwiegersohn hat zum Beispiel neulich ausgerechnet, daß in New York jede halbe Stunde ein Mann von einem Auto überfahren wird.

STRANSKY: Schrecklich! Wie hält er das aus?

LEUBUSCH *(gereizt):* Das ist doch nicht immer derselbe! Das ist doch nur statistisch! Und die Statistik weiß noch ganz andere Sachen! Die Statistik hat zum Beispiel festgestellt, daß bei uns in Österreich auf jede Person jährlich eine Flasche Sekt kommt.

STRANSKY: Wenn das wahr ist, möchte ich wissen, welcher Verbrecher Jahre hindurch meine Flasche getrunken hat!

LEUBUSCH *(wütend):* Das ist doch nicht *Ihre* Flasche! Wenn auf einen *vier* Flaschen kommen und auf drei andere *keine* – kommt auf jeden *eine!* Verstehen Sie das nicht?

STRANSKY: Nein.

LEUBUSCH: Ich werde es Ihnen anders erklären. Stellen Sie sich einmal 200 Männer vor. Können Sie das?

STRANSKY: Generalversammlung der KPÖ.

LEUBUSCH: Jetzt noch 200 und noch 200. So. Die Statistik hat nun bewiesen, daß es unter 200 Männern immer *einen* gibt, der größer ist als 1 Meter 90.

STRANSKY: Das muß *der* sein, der im Kino immer vor mir sitzt!

LEUBUSCH *(wütend)*: Das ist nicht der! Der sitzt doch nur statistisch vor Ihnen!

STRANSKY: Wieso sehe ich dann nichts von dem Film?

LEUBUSCH: Weil Sie nicht wissen, was Statistik ist!

STRANSKY: Natürlich weiß ich es! Statistik ist ein großer Mann, der meinen Sekt trinkt, während in New York jede halbe Stunde ein Mann von einem Auto überfahren wird! Was das für eine Wissenschaft ist, weiß ich nicht! Die ist doch unnötig!

LEUBUSCH: Die ist *nicht* unnötig! Die Statistik beweist zum Beispiel, daß die holländische Fischerflotte so viele Heringe fängt, daß auf jeden Menschen in Amsterdam pro Tag 100 Heringe kommen.

STRANSKY: Das ist doch schrecklich!

LEUBUSCH: Warum?

STRANSKY: Stellen Sie sich vor, ich wäre in Amsterdam. Wir sind eine fünfköpfige Familie – das sind 500 Heringe pro Tag! Meine Frau ißt keine Heringe, so daß die Heringe von meiner Frau auch noch auf uns fallen würden. Das sind für jeden von uns 125 Heringe pro Tag! Was macht man mit so vielen Heringen? Zwei kann man der Tante Mali geben – *(erschrickt)* – das heißt auch nicht! Die kriegt doch auch ihre 100 Heringe! *(Überlegt)* Heringsalat kann man machen …

LEUBUSCH: So etwas Blödes! Die holländischen Heringe gehen doch wieder in Länder, wo man keine Heringe hat, sondern – sagen wir – Eisennägel! Dafür gehen die Eisennägel wieder nach Holland!

STRANSKY: Da sind mir die Heringe noch lieber! Was machen wir mit 500 Eisennägel im Tag?

LEUBUSCH: Schlagen Sie einen davon in die Wand und hängen Sie sich auf! Ich werde Ihnen ein anderes Beispiel geben! Wien hat rund 1.700.000 Einwohner, und in China werden täglich 92 Millionen Hunde geboren. Das heißt – sooft hier in Wien ein Mensch ausatmet, wird in China ein junger Hund zur Welt gebracht.

STRANSKY: Das ist doch nicht möglich … *(Atmet aus)*

LEUBUSCH: Was machen Sie da?

STRANSKY: Ich bringe in China einen jungen Hund zur Welt. *(Atmet aus)* Noch einen! *(Atmet mehrmals aus)* Noch ein paar! Ich überschwemme China mit jungen Hunden!

LEUBUSCH: Mit Ihnen kann man nicht reden. Es ist nur ein Glück, daß *ein* Mensch für den andern denken kann. Die Statistik sagt nämlich, wenn der eine ein *ganzes* Hirn hat und der andere keines, hat jeder von ihnen ein *halbes* Hirn!

STRANSKY: Vielleicht haben Sie recht. Ich gehe nach Hause, Abend essen.

LEUBUSCH *(schnell)*: Moment! Sie haben mich doch für heute eingeladen! Rehrücken! Ich habe schon so einen Hunger!

STRANSKY: Hunger? Sie haben doch erst vor einer Stunde ein halbes Brathuhn gegessen …

LEUBUSCH: Ich? Wie kommen Sie darauf?

STRANSKY: Weil ich ein *ganzes* gegessen habe – und die Statistik sagt, wenn der eine ein *ganzes* Brathuhn gegessen hat und der andere *keines* – hat jeder von ihnen ein *halbes* gegessen!

(Black out. Vorhang)

Elefantenkauf

Spielt in dem, den Kabarettbesuchern bereits bekannten, kleinen Wiener Vorstadtkaffeehaus. Bei Aufgehen des Vorhangs sitzt Herr LEUBUSCH bereits an einem Tisch. Vor ihm steht eine Tasse Kaffee mit einer Semmel. In einem Körbchen liegt ein Kipferl.

LEUBUSCH (*ungeduldig auf den Tisch klopfend, ruft*): Josef! – Josef!

JOSEF (*Ober, kommt*): Sie wünschen, Herr Leubusch?

LEUBUSCH: Was haben Sie mir da serviert? Der Kaffee ist schwach – die Semmel ist alt – –

JOSEF (*frech*): Na und? Sie werden auch einmal alt und schwach werden!

LEUBUSCH (*schreit ihn an*): Der Kaffee ist nicht zu trinken! Bringen Sie mir den Chef!

JOSEF: Das hat keinen Zweck, Herr Leubusch – der trinkt ihn auch nicht.

LEUBUSCH: Eine Frechheit! Ich werde nie mehr in dieses Tschecherl kommen! Das verspreche ich Ihnen!

JOSEF (*ungerührt*): Danke!

LEUBUSCH (*empört*): Sie! Was sind das für Antworten?

JOSEF: Na, glauben Sie, der Chef wird sich's Ihretwegen mit der Köchin verderben? Gäste kriegen wir genug – aber Köchinnen nicht. Jetzt haben wir seit zwei Tagen die dritte – und *die* kocht mit dem Hut auf dem Kopf, weil sie noch nicht weiß, ob sie dableibt. Wir leben in einer Demokratie, Herr Leubusch – da darf der Unternehmer nicht stark sein.

LEUBUSCH: Der Unternehmer nicht – aber der Kaffee! Schauen Sie sich das G'schlader an! Das ist ein Espresso? Das ist ein zum Kaffee gequältes Abwaschwasser! Der Kaffee ist doch so schwach, daß ich nicht weiß, wo er die Kraft hergenommen hat, aus der Kanne zu rinnen! Und die Semmel? *(Drückt sie, um zu zeigen, wie zäh sie ist)*

JOSEF: Ich hab Ihnen eh ein Kipferl gebracht …

LEUBUSCH: Das ist doch steinhart!

JOSEF: Das weiß ich. Das haben mir schon zwei Gäste vor Ihnen gesagt.

LEUBUSCH: Und da bringen Sie es *mir? (Sucht sich zu beruhigen)* Aber was rege ich mich auf! Ich werde höchstens wieder heiser – und das sind Sie mir nicht wert. Ich habe erst gestern meinem Arzt 100 Schilling bezahlt, weil er mir den Hals gepinselt hat.

JOSEF: 100 Schilling? Dafür hat er nur gepinselt?

LEUBUSCH: Was denn hätte er machen sollen? Tapezieren?

JOSEF: So ein Arzt hat eine Hacken! Dabei machen s' nix als Fehler.

LEUBUSCH: Die Ärzte?

JOSEF: Na, hören S'? Mir haben s' neulich im Spital die Zähne, den Blinddarm und die Mandeln herausgenommen, und dabei wollt ich nur meine Frau besuchen.

STRANSKY *(tritt auf)*: Guten Morgen!

LEUBUSCH *(freudig überrascht)*: Stransky! Setzen Sie sich zu mir!

JOSEF: Was werden Sie nehmen, Herr Stransky?

STRANSKY: Ich sitze noch nicht, fragt er mich schon, was ich nehmen werde. Bringen Sie mir einen starken Mokka – mir ist schlecht.

LEUBUSCH: Was fehlt Ihnen?

STRANSKY: Ich fahre seit einer Woche im Prater jeden Tag 35mal hintereinander auf demselben Ringelspiel.

JOSEF: 35mal?

STRANSKY: Ja. Und ich vertrag das Ringelspielfahren nicht.

LEUBUSCH: Warum tun Sie es dann?

STRANSKY: Der Besitzer ist mir 800 Schilling schuldig, und ich kann das Geld nicht anders hereinkriegen.

JOSEF: So was Blödes! *(Lachend ab)*

LEUBUSCH: Es freut mich, daß ich Sie wiedersehe, Herr Stransky.

STRANSKY: Ich freu mich auch. Ich war schon bei Ihnen im Geschäft, Herr Leubusch – könnten Sie mir nicht 300 Schilling borgen? Nur auf kurze Zeit – bis mein Bruder aus Spanien zurückkommt.

LEUBUSCH: Wann wird das sein?

STRANSKY: Das ist unbestimmt. Vorläufig weiß er noch gar nicht, ob er hinfährt. *(Bittend)* Sagen Sie nicht nein, Herr Leubusch! Sie haben doch sowieso Ihr ganzes Geld geerbt.

LEUBUSCH: Ebendeshalb kann ich es nicht hergeben. Mein Geld ist ein Andenken an meinen Vater. Außerdem sind Sie mir noch 150 Schilling schuldig.

STRANSKY *(entrüstet)*: Dafür habe ich Ihnen doch einen Scheck auf die Länderbank gegeben …

LEUBUSCH: Die Länderbank hat ihn aber nicht ausbezahlt.

STRANSKY: Die Länderbank hat keine 150 Schilling?!?

LEUBUSCH: Die Länderbank hat sie schon, aber Ihr Scheck war nicht gedeckt.

STRANSKY: Was Sie nicht sagen? Aber das kann Ihnen doch egal sein. Wenn Sie mir jetzt noch 300 Schilling geben, kriegen Sie statt 150 eben 450.

LEUBUSCH: Na, ganz so egal ist das nicht …

JOSEF *(bringt den Mokka)*: Da ist der Mokka! Vielleicht ein Kipferl dazu? *(Hält Stransky das Körbchen mit dem Kipferl hin)*

LEUBUSCH *(warnt)*: Das ist steinhart! Das können Sie nicht hinunterwürgen.

JOSEF: Probieren Sie es, Herr Stransky. Das Leben ist auch hart, und wir müssen es hinunterwürgen.

STRANSKY: Gehen Sie mit dem Kipferl weg! Wo ist der Löffel? Soll ich den Mokka mit der Nase umrühren? Dazu ist er zu heiß.

JOSEF: Entschuldigen, Herr Stransky! *(Schnell ab)*

STRANSKY: Das ist eine Bedienung …

LEUBUSCH: Ich hab mich auch schon aufgeregt.

STRANSKY: Was nun die 300 Schilling anbelangt – –

LEUBUSCH *(unterbricht ihn)*: Reden wir jetzt nicht von Geld – plaudern wir erst ein bißl.

STRANSKY: Wir könnten ja von den 300 Schilling plaudern …

LEUBUSCH: Später. Was macht Ihre Frau?

STRANSKY: Immer dasselbe. Die ersten 30 Jahre meines Lebens hat mich meine Mutter gefragt, wohin ich geh – die zweiten 30 fragt mich meine Frau, woher ich komm!

LEUBUSCH: Ist sie eifersüchtig?

STRANSKY: Und wie! Sie wissen doch, Herr Leubusch, nichts macht eine Frau in den Augen ihres Mannes älter, als wenn er eine jüngere sieht.

LEUBUSCH: Und Sie haben eine gesehen?

STRANSKY: Und was für eine! Eva heißt sie! Sie ist Maniküre bei meinem Friseur.

LEUBUSCH: Die kenne ich doch. Die hat nicht viel im Oberstübchen.

STRANSKY: Im Oberstübchen hat sie nichts – aber das Stiegenhaus!

LEUBUSCH: Sie sind ein alter Gauner! Ich bin früher auch den Frauen nachgerannt.

STRANSKY: Und heute?

LEUBUSCH: Heute rennt keiner mehr. Aber wenn Sie auf junge Mädchen Eindruck machen wollen, sollten Sie sich nicht so nachlässig kleiden. Ich habe als Kind noch Ihren Vater gekannt. *Das* war ein eleganter Mann! Immer nur Maßanzüge … Alle aus dem besten Material …

STRANSKY: Da sieht man, was Einbildung ausmacht. *Der* Anzug *ist* noch von meinem Vater.

LEUBUSCH: Warum kommen Sie jetzt so selten ins Kaffeehaus?

STRANSKY: Ich kann es mir nicht mehr leisten. Ich spare noch an dem Urlaub, den ich voriges Jahr gehabt habe.

LEUBUSCH: Wo waren Sie?

STRANSKY: An der Donau.

LEUBUSCH: War es schön?

STRANSKY: Schrecklich! Wir waren in einer Pension – die einzigen, die sich dort satt gegessen haben, waren die

Gelsen! Ich sage Ihnen, die waren so stark – wenn ich eine geschlagen habe, hat sie zurückgeschlagen. Zum Schluß wäre meine Frau bald verhaftet worden.

LEUBUSCH: Warum?

STRANSKY: Wegen dem Minibikini. Sie hat gehört, daß man einen Teil wegläßt, und hat nicht gewußt, welchen.

LEUBUSCH *(lachend)*: Entsetzlich!

STRANSKY: Wo waren *Sie* auf Urlaub?

LEUBUSCH: In Italien – am Meer.

STRANSKY: Dort muß es herrlich sein!

LEUBUSCH: Herrlich? Dort war es so überfüllt, daß ich hab fünfmal tauchen müssen, bis ich zum Wasser gekommen bin. Meine Frau hat eine glorreiche Idee gehabt – wir ziehen uns in ein Fischerdorf zurück – dort ist es idyllisch –

STRANSKY: Und?

LEUBUSCH: Dort war es so langweilig – eines Tages ist die Flut zurückgegangen und nicht mehr gekommen. Ich war froh, wie ich wieder in meinem Geschäft war.

STRANSKY: Wie geht es Ihnen mit Ihrem Geschäft?

LEUBUSCH: Wie mit einer schönen Frau. Wenn es geht, ist es wunderbar – wenn es nicht geht, ist es noch immer gut. Wie geht es Ihnen?

STRANSKY: Mir? Ich habe doch meinen Posten verloren.

LEUBUSCH: Warum schon wieder?

STRANSKY: Wegen meinem Bürokollegen. Der ist verrückt geworden.

LEUBUSCH: Was können da Sie dafür?

STRANSKY: Nichts. Aber passen Sie auf: Im Juli, wie es so heiß war, steht er eines Tages vom Schreibtisch auf

– stellt sich auf das Fensterbrett – sagt: »Ich fliege nach Afrika!« – und springt hinaus.

LEUBUSCH: Warum haben Sie ihn nicht zurückgehalten?

STRANSKY: Ich hab geglaubt, er fliegt wirklich.

LEUBUSCH *(kopfschüttelnd)*: Stransky – wenn die Dummheit stumm wäre, müßte sich um Sie eine göttliche Stille verbreiten!

STRANSKY: Dasselbe hat mein Chef gesagt – nur nicht so fein. Jetzt könnte ich einen Staatsposten haben –

LEUBUSCH: Und? Was fehlt Ihnen dazu?

STRANSKY: Ein Verwandter in einem Ministerium.

LEUBUSCH: Ich wüßte etwas für Sie. Ein Bekannter von mir hat ein Restaurant und sucht einen Vertrauensmann, der teils im Haus, teils im Garten arbeitet. Würde Sie das interessieren?

STRANSKY: Teils im Haus, teils im Garten?

LEUBUSCH: Ja.

STRANSKY: Verzeihen Sie, Herr Leubusch, aber das verstehe ich nicht.

LEUBUSCH: Was ist da nicht zu verstehen. Teils im Haus, teils im Garten.

STRANSKY: Eben. Teils im Haus, teils im Garten – was mache ich, wenn einer die Tür zumacht?

LEUBUSCH *(hält sich den Kopf)*: Ich kann nicht mehr!

JOSEF *(kommt)*: Verzeihen die Herren – ich möchte nur den Herrn Stransky auf etwas aufmerksam machen.

STRANSKY: Was wollen Sie?

JOSEF: Ich wollte Ihnen nur sagen – jetzt können S' den Mokka schon mit der Nase umrühren – jetzt ist er schon kalt! *(Blickt Stransky verschmitzt lächelnd an und geht ab)*

STRANSKY *(wütend)*: Sie!! *(Springt auf, nimmt das Kipfel und will es ihm nachwerfen)*

LEUBUSCH *(hält Stransky zurück)*: Nicht schmeißen Sie ihm das Kipfel nach – Sie erschlagen ihn! *(Beruhigt ihn)* Der Josef ist es nicht wert, daß man sich seinetwegen aufregt. Setzen Sie sich wieder!

STRANSKY *(ruhig)*: Sie haben recht. Um aber auf unser erstes Gespräch zurückzukommen, Herr Leubusch – was ist mit den 300 Schilling?

LEUBUSCH: Ich verstehe Sie nicht! Heute, in der Zeit des Wirtschaftswunders, soll ein Mensch keine 300 Schilling haben.

STRANSKY: Ich hätte sie ja. Ich hätte mehr – aber meine Frau! Einmal kauft sie Konserven – dann kauft sie Stoffe – dann füllt sie den Keller bis hinauf mit Kohlen an – einen Kasten haben wir, da ist nur Saccharin drinnen – Berge von Saccharin – sie glaubt immer noch, daß ein Krieg kommt.

LEUBUSCH: Blödsinn! Es kommt kein Krieg. Heute wird viel zuviel dagegen geschrieben. Und ein großer Dichter hat gesagt: »Die Feder ist stärker als das Schwert!«

STRANSKY: Der soll einmal versuchen, mit einem Kugelschreiber eine Salami zu schneiden.

LEUBUSCH: Das ist doch nur bildlich gemeint. Aber wenn Sie Geld brauchen – warum nehmen Sie sich keinen Kleinkredit?

STRANSKY *(versteht nicht)*: Keinen – was?

LEUBUSCH: Keinen Kleinkredit. Haben Sie noch nichts von der Kleinkreditaktion gehört?

STRANSKY: Nein …

LEUBUSCH: Dann lassen Sie sich erzählen: Jedem Österreicher werden bis zu 15.000 Schilling kreditiert – in bar – ohne Bürgen – wenn er eine Lohnbestätigung vorweist.

STRANSKY: Das kann ich, die gibt mir mein Bruder. Mit der Lohnbestätigung krieg ich 15.000 Schilling?

LEUBUSCH: Ja.

STRANSKY: Meine Frau auch?

LEUBUSCH: Auch.

STRANSKY: Mein Sohn auch?

LEUBUSCH: Ihr Sohn auch. Sie müssen das geborgte Geld natürlich zurückzahlen.

STRANSKY: O je. Ich hab' gewußt, es ist ein Haken dabei! Aber das macht nichts. Wo krieg ich die 15.000 Schilling?

LEUBUSCH: In jeder Bank. Die Bank gibt Ihnen den Kredit.

STRANSKY: Und die Regierung?

LEUBUSCH: Die macht eine Anleihe im Ausland.

STRANSKY: 15.000 Schilling?

LEUBUSCH: 15.000 Schilling! 15 *Milliarden* Schilling!

STRANSKY: So viel? Das können wir doch nie zurückzahlen …

LEUBUSCH: Nicht in bar. Wir geben es in Ware. Die VÖEST zum Beispiel liefert Eisen nach Indien – und Indien gibt uns dafür – sagen wir – zwei Millionen Tonnen Reis.

STRANSKY: Zwei Millionen Tonnen Reis? Was machen wir mit so viel Reis? Reisfleisch können wir machen.

LEUBUSCH: Wir behalten doch den Reis nicht. Wir geben ihn wieder weiter, und zwar an ein Volk, das *keinen* Reis hat. Zum Beispiel an England.

Stransky: England hat keinen Reis?

Leubusch: Nein.

Stransky: Da werden sich doch die Engländer freuen, wenn sie von uns so viel Reis kriegen.

Leubusch: Natürlich werden sie sich freuen. Aber sie behalten den Reis auch nicht für sich. Sie geben ihn, beispielsweise, an Frankreich weiter und kriegen dafür Champagner.

Stransky (*wundert sich*): Champagner soll man trinken, wenn man nicht einmal Reis hat!

Leubusch: Die Engländer trinken doch den Champagner nicht. Die schicken ihn nach Amerika und kriegen von dort Hafer.

Stransky: Die Engländer essen Hafer?

Leubusch: Nein! Die Engländer schicken den Hafer nach Argentinien und kriegen von dort Fleisch.

Stransky: Was für Fleisch?

Leubusch (*gereizt*): Was für Fleisch! Naturschnitzeln!!

Stransky: Wenn sie keinen Reis haben? Zu einem Naturschnitzel gehört Reis.

Leubusch (*wütend*): Die Engländer essen doch die Naturschnitzel nicht!

Stransky: So verwöhnt sind sie?

Leubusch: Sie sind *nicht* verwöhnt, aber sie brauchen andere Sachen notwendiger! Sie schicken die Naturschnitzel nach Japan! Japan schickt ihnen dafür Fotokameras – die Fotokameras schickt England nach Holland – Holland schickt den Engländern Käse – England schickt den Käse nach Österreich – Österreich schickt ihn nach Indien – und die Inder schikken uns dafür das Eisen, das *ihnen* die VÖEST geschickt hat.

STRANSKY: Das verstehe ich nicht.

LEUBUSCH: Das können Sie nicht verstehen. Das nennt man Kompensationsgeschäfte.

STRANSKY: Sie sind ein gescheiter Mensch, Herr Leubusch. Geben Sie mir einen Rat. Angenommen, ich bekomme den Kredit – möchte ich doch das Geld irgendwie anlegen.

LEUBUSCH: Nichts leichter als das. Mein Schwager hat einen kleinen Wanderzirkus gehabt, der eingegangen ist. Jetzt löst er den Tierpark auf. Da könnte ich Ihnen einen äußerst günstigen Gelegenheitskauf vermitteln: einen Elefanten um 10.000 Schilling.

STRANSKY: Einen Elefanten? Was mache ich mit einem Elefanten?

LEUBUSCH: Sind Sie kein Tierliebhaber?

STRANSKY: Doch! Aber einen Elefanten –?

LEUBUSCH: Ein Elefant ist genauso ein Tier wie ein Hund, eine Katze oder ein Goldfisch.

STRANSKY: Das schon – aber ich kann doch den Elefanten in kein Aquarium geben. Und wissen Sie, was ein Elefant frißt?

LEUBUSCH: Fleisch.

STRANSKY: Aber wieviel Fleisch! So viele Naturschnitzeln können mir die Engländer gar nicht schicken, daß der Elefant satt wird! Wissen Sie, was das kostet? Wo nehme ich das Geld her?

LEUBUSCH: Sie immer mit Ihrem Geld? Haben Sie eine Ahnung, wie herzig der Elefant ist? Wenn Sie ihn streicheln, fährt er Ihnen mit dem Rüssel übers Gesicht!

15.000

Stransky: Na und? Dafür soll ich 10.000 Schilling bezahlen?

Leubusch: Nicht dafür! Die Zähne allein sind doch so viel wert!

Stransky: Und was mache ich, wenn sie falsch sind?

Leubusch: Die sind nicht falsch. Sie können sich ihn ja anschauen. Er heißt »Jumbo«.

Stransky: Und wenn er »Farkas« heißt – ich mag ihn nicht!

Leubusch: Sie werden sehen, er ist süß! Und ein Gedächtnis hat er – wie alle Elefanten. Wenn Sie ihm einmal etwas antun – das merkt er sich sein Leben lang.

Stransky: Das macht meine Frau auch.

Leubusch: Tanzen kann er auch.

Stransky: Das brauche ich nicht – wir sind alle Nichttänzer. Außerdem – wohin soll ich den Elefanten geben? Ich habe eine Zweizimmerwohnung in einem Neubau. Die Wände sind so dünn – wenn ich Herzklopfen habe, nimmt mein Nachbar Baldrian. Stellen Sie sich vor, der Elefant fängt bei uns zu tanzen an!

Leubusch: Sie interessieren sich also nicht für den Elefanten?

Stransky: Nein.

Leubusch: Überschlafen Sie die Sache.

Stransky: Ich habe nichts zu überschlafen.

Leubusch: Ich kann mir nicht vorstellen, daß man sich so einen Gelegenheitskauf entgehen lassen kann. Sagen Sie mir noch einmal, daß Sie den Elefanten für 10.000 Schilling nicht wollen.

Stransky: Ich will den Elefanten für 10.000 Schilling

nicht! Ich will ihn nicht! Ich will ihn nicht! Ich will ihn nicht!

Leubusch: Gut. Sie sollen sehen, was ich für ein Mensch bin. Ich mache Ihnen ein anderes Angebot: zwei Elefanten für 15.000 Schilling!

Stransky: Zwei Elefanten für 15.000 Schilling! Das ist etwas anderes! *(Hält Leubusch die Hand hin, Leubusch schlägt ein)*

Der Herr Powondra

An unserer Ecke gibt es einen Greißler (»Krämer«, wie man in Deutschland sagt), wie es viele gab, ehe sie von den Supermärkten verschlungen wurden. Sein Name ist Powondra.

Heute hat er sich modernisiert – er hat einen elektronischen Taschenrechner bekommen; und den probiert er bei seiner ersten Kundschaft aus.

POWONDRA: Also, Sie zahlen zwei Salatgurken, ein Packerl Kaffee und ein Kilo Äpfel. Ist das alles?

HABERL: Ja.

POWONDRA: Dann werden wir's gleich elektronisch zusammenrechnen.

HABERL: Was ist denn das?

POWONDRA: Ein Pocket-Rechner! Ein elektronischer Taschenrechner. Die Summe ist ersichtlich am Playback … und das mit Lichtgeschwindigkeit. Man muss mit der Zeit gehen. Ein Druck auf die Tasten – und die Rechnung ist fertig. Was haben wir gehabt?
Zwei Salatgurken machen 14, ein Kilo Äpfel sind 22,30 und ein Packerl Kaffee sind 27, macht zusammen 142.230 Schilling und 30 Groschen.

HABERL: Das gibt's doch nicht. Da müssen Sie sich geirrt haben. Lassen S' schauen. Natürlich! Da müssens S' nach jedem Posten ein Pluszeichen machen.

Powondra: Das werden wir gleich sehen. Wart', das lösch' ma jetzt. OFF – das heißt aus. Jetzt muß ich wieder ON … das bedeutet an. Zwei Salatgurken macht 14 …

Haberl: Plus!

Powondra: Ja, ja … Ein Kilo Äpfel sind 22,30 …

Haberl: Plus!

Powondra: Ja! Und ein Packerl Kaffee sind 27.

Haberl: Jetzt müssen S' die Gleichheitstaste drücken.

Powondra: Das wollte ich ja, natürlich. Das brauchen Sie mir nicht zu sagen. Wo ist die Gleichheitstaste?

Haberl: Die da, mit den zwei Stricherln.

Powondra: Aha! Sind zusammen … 842.940 Schilling und 30 Groschen.

Haberl: Das ist ja jetzt noch mehr! Da haben Sie sich geirrt!

Powondra: Geirrt, geirrt …, wenn Sie immer plus, plus sagen! Da muß man sich ja irren!

Haberl: Regen S' Ihnen net auf, Herr Powondra. Zeigen Sie mir lieber, wo Sie gedrückt haben.

Powondra: Da!

Haberl: Das ist aber nicht das Pluszeichen, das ist das Malzeichen.

Powondra: Pluszeichen, Malzeichen! Was Sie alles wissen.

Haberl: Da braucht man nicht viel zu wissen. Das Pluszeichen ist da – und das ist das Malzeichen. Machen Sie's noch einmal.

Powondra: Wenn man den Rechner aber so hält …

Haberl: Man hält ihn aber so! Für zwei Salatgurken, ein

Kilo Äpfel und ein Packerl Kaffee soll ich 842.940 Schilling und 30 Groschen zahlen?

POWONDRA: Das verlang' ich ja nicht!

HABERL: Da krieg' ich ja schon eine Eigentumswohnung!

POWONDRA: Reden S' doch nicht!

HABERL: Probieren Sie's einmal mit was anderem. Sag' ma, ich nehm' noch eine Flasche Retzer, zehn Deka von der Wiener Salami und 30 Deka Preßwurst. Rechnen S' das zusammen.

POWONDRA: Moment. Eine Flasche Retzer macht 49 Schilling, zehn Deka von der Wiener Salami sind 9 Schilling 90, und 30 Deka Preßwurst sind 8 Schilling 40, das macht zusammen – 499.908 Schilling und 40 Groschen.

HABERL: Das stimmt nicht! Weil Sie das Pluszeichen …

POWONDRA: Sie mit Ihrem Pluszeichen! Bitte schön! Machen wir's noch einmal! In Ruhe! In Ruhe! Eine Flasche Retzer macht 49 Schilling …

HABERL: Plus!

POWONDRA: Anspucken brauchen Sie mich nicht! … und 30 Deka Preßwurst sind 8 Schilling 40 … plus …

HABERL: Jetzt dürfen S' nicht mehr Plus machen!

POWONDRA: Ah, jetzt nicht … und früher ja! Das hab' ich schon gern, wenn jemand nicht weiß, was er will!

HABERL: Jetzt kommt ja kein neuer Posten dazu. Jetzt müssen S' die Gleichheitstaste drücken.

POWONDRA: Das kann ich ja noch immer … ist gleich … 1879 Schilling und 40 Groschen.

HABERL: Das stimmt nicht.

POWONDRA: Das muß stimmen!

Haberl: Das kann nicht stimmen. Sie haben ja ein Plus zuviel gedrückt.

Powondra: Einmal zuviel, einmal zuwenig!

Haberl: Schreien S' nicht mir mir, ich schrei' auch nicht. Haben Sie keine Gebrauchsanweisung?

Powondra: Aber ja, da is' sie! Also lesen, lesen, lesen.

Haberl: Na also, da werden wir's ja gleich haben: »Kalkulation mit einer Konstanten. Bei der Bedienung wird die unmittelbar vor dem Niederdrücken der Gleichheitstaste eingegebene Zahl zu einer Konstanten.« Was ist eine Konstante?

Powondra: Was weiß denn ich? Bin ich der Einstein? Was ist eine Konstanze?

Haberl: Ich weiß es auch nicht. Ich weiß nur, daß ich für zwei Salatgurken, ein Kilo Äpfel und ein Packerl Kaffee keine 842.940 Schilling zahl'! Ich geh'! Ich kann ja im Supermarkt einkaufen.

Powondra: Gehen Sie, gehen Sie! Gehen S' in den Supermarkt, wenn's Ihnen bei mir zu teuer ist. Himmelfixtausend! *(Wirft den elektronischen Taschenrechner mit aller Kraft auf den Steinboden, bückt sich, hebt ihn wieder auf und liest ab.)* 67 Schilling und 30 Groschen. Was will er denn, funktioniert eh …